Einsatz

Für meine Enkelin, Madeline,
die Träumen Gestalt gibt

Inhalt

Teil I: Forschungsergebnisse 1

Einleitung 3

1. Nach Böhmen über England 15

2. Woher kamen die deutschböhmischen Emigranten? 29

3. Neue Hoffnung im „Land der unbegrenzten Möglichkeiten":
   Untersuchung zur deutschböhmischen Einwanderung in
   das Calumet County (Wisconsin/USA) 39

4. Zusammenfassung der Ergebnisse 53

5. Schluss 97

Von Böhmen nach Amerika

Die Auswanderung aus dem Raum Tepl / Marienbad ins Calumet County (Wisconsin / USA)

2., erweiterte Auflage

Joan Naomi Steiner

Aus dem Englischen von Tobias Gabel

Neenah, Wisconsin (USA)

Von Böhmen nach Amerika

Die Auswanderung aus dem Raum Tepl / Marienbad ins Calumet County (Wisconsin / USA)

2., erweiterte Auflage
Aus dem Englischen von Tobias Gabel

Die zweite, erweiterte Auflage der englischen Originalausgabe ist 2023 unter dem Titel

A German Bohemian Immigration. The Population Shift from Western Bohemia to Calumet County, Wisconsin erschienen. © Joan Naomi Steiner 2024.

Die Deutsche Nationalbibliothek verzeichnet diese Publikation in der Deutschen Nationalbibliografie; detaillierte bibliografische Daten sind im Internet über www.dnb.de abrufbar.

Das Werk ist in allen seinen Teilen urheberrechtlich geschützt. Jede Verwertung ist ohne Zustimmung der Verfasserin unzulässig. Das gilt insbesondere für Vervielfältigungen, Übersetzungen, Mikroverfilmungen und die Einspeicherung in und Verarbeitung durch elektronische Systeme.

Auch bei urheberrechtlich zulässiger Verwendung der in diesem Buch enthaltenen Daten übernimmt die Verfasserin hierfür keine Verantwortung oder Haftung.

Vorderseite: Auf dem oberen Foto ist Adalbert Steiner zu sehen, der Ururgroßvater der Verfasserin (Foto: Sammlung Familie Steiner); das untere Foto zeigt (v. l. n. r.) das Pfarrhaus, die Kirche St. Charles Borromeo und das Schulgebäude im Calumet County (Wisconsin/USA) im Jahr 1908 (Foto: Sammlung Herb Buhl, Chilton, Wisconsin.)

Rückseite: Luftaufnahme der St.-Charles-Kirche in Charlesburg, Calumet County, Wisconsin, vor 1950 (Foto: Sammlung Herb Buhl, Chilton, Wisconsin.)

ISBN: 979-8-9865709-1-4

Scenery Heights Publications
Neenah, Wisconsin (USA)

Inhalt

Teil II: Ressourcen und Informationsquellen für die Familienforschung..103

6. Genealogische und lokalgeschichtliche Studien amerikanischer Familienforscher...................................... 105
7. Videodokumentationen über die Kirchsprengel Habakladrau und Pistau, die Kapelle in Kladruby (Kladerlas) und den Ausstellungsraum im American Centerder US-Botschaft in Prag 113
8. Bücher zum Thema in englischer und/oder Übersetzung... 117
9. Informationsquellen im tschechischen Bäderdreieck: lokalhistorische Forschung, Museen und Bücher 119
10. Informationsquellen in Deutschland: Familienforschungsverbände, landsmannschaftliche Museen und Bücher..141

Danksagung 173
Über die Verfasserin.. 178

Teil I
Forschungsergebnisse

Der Grabstein von Adalbert Steiner, dem Ururgroßvater der Verfasserin und Ausgangspunkt ihrer Forschungen, an seinem letzten Ruheplatz auf dem St.-Charles-Friedhof (Calumet County, Wisconsin). (Foto: Sammlung Herb Buhl)

Einleitung

Ab den 1850er-Jahren wanderten Dutzende von Familien aus den deutschsprachigen Gebieten Westböhmens nach Brothertown im Calumet County, Wisconsin (USA) aus. Dieses Buch erzählt ihre Geschichte, die in vielen Punkten bislang unbekannt war.

Zum Hintergrund

Die Kleinstadt Chilton im US-Bundesstaat Wisconsin ist schon seit 1853 der Verwaltungssitz des Calumet County.[1] In den 1860er-Jahren war Chilton noch ein Dorf. Das einzige „Leitmedium" der Gegend war damals die 1857 gegründete Lokalzeitung *The Chilton Times*, die wöchentlich erschien.[2] In der *Chilton Times* erschienen Berichte über Vorfälle in der Region, über Lokalpolitik und das Alltagsleben der Menschen, die in der Gegend

---

[1] Calumet County, Wisconsin Genealogy & History (https://freepages.rootsweb.com/~calumet/genealogy/calumt.htm – zuletzt aufgerufen am 27.04.2023), „Chilton".
[2] Calumet County, Wisconsin Genealogy & History, „Chilton".

zusammenlebten. Die alten Ausgaben dieser Zeitung liefern historische Momentaufnahmen vom Leben, „wie es damals war" – und das nun schon seit mehr als 160 Jahren.

Wir beginnen unsere Zeitreise mit einem Zeitungsbericht, der im Sommer 1868 in der *Chilton Times* erschien. Manche Anwohner waren schon darauf aufmerksam geworden: Da gab es Neuankömmlinge, die Deutsch miteinander sprachen und eine neue Kirchengemeinde aufbauten. Ihre Kirche, St. Charles, sollte unter dem Patronat des heiligen Karl Borromäus stehen; nach ihr wurde später die ganze Siedlung „Charlesburg" benannt. Der Artikel der *Chilton Times*, der am 25. Juli 1868 auf der Titelseite der Zeitung erschien, erlaubt uns einen Einblick in die Entstehungszeit dieser neuen Gemeinde aus der Perspektive der bereits in der Gegend Ansässigen:

> „Die katholische Kirche St. Charles [Hl. Karl Borromäus] – Es ist bei unseren Lesern noch nicht allgemein bekannt, dass es in Eastern Brothertown, 4 oder 5 Meilen südlich der hiesigen Siedlung [also 6–8 km von Chilton entfernt], eine Gemeinschaft von 72 deutschen Familien gibt, verständige, tüchtige, fleißige Leute. Sie haben sich große Rodungen für den Bau angelegt, haben gute Häuser und Scheunen, und ihre Gemeinde gedieht wie kaum eine zweite in unserem Staat [Wisconsin]. Als Kirchengemeinde sind sie 1866 durch den hochwürdigen Herrn Pfarrer Schroudenback,

wohnhaft am Ort, organisiert worden, und Jacob Burg aus Marytown hat für kirchliche Zwecke 10 Acres [etwa 4 Hektar] Land gestiftet. Auf diesem Grund haben sie ihrem Priester nun ein ansehnliches Blockhaus errichtet und dazu ein Schulhaus, gleichfalls aus behauenen Stämmen erbaut. Beide, Pfarrhaus wie Schule, haben zwei Stockwerke. Das Schulhaus wird zurzeit noch für den Gemeindegottesdienst gebraucht, doch beabsichtigen diese tatkräftigen Leute, schon bald eine Kirche aus Stein zu errichten, wozu die Vorkommen eines schönen Kalksteins dienen mögen, die ganz in der Nähe zutage treten.

Sie haben bereits eine Glocke erworben, die mitsamt ihrer Aufhängung 1500 Pfund [etwa 700 Kilogramm] wiegt, außerdem ein großes, schönes Messbuch mit herrlichem Einband, Goldschnitt und vielen Stahlstichen;
einen Messkelch und einen Hostienkelch für ihr Abendmahl sowie ein Ostensorium oder Remonstranz [sic!], ferner Rauchfass und Weihrauchschiff, ein schön gewirktes Velumtuch aus schwerer Atlasseide mit silberner Stickerei, eine vortreffliche Heiligenfigur der Jungfrau Maria mit dem Jesuskind auf dem Arm, auch eine Figur des heiligen Joseph (beide über 4 Fuß [120 cm] hoch), ein prächtiges Vortragekreuz aus Messing für Beerdigungen, zwei Altarkreuze aus geschnitztem Holz, ferner liturgische Gewänder und Altartücher.

Für einige Zeit stand die Gemeinschaft unter der geistlichen Leitung des Paters Pacificus aus Marytown, doch unterstehen sie nun der Für- und Seelsorge des Pfarrers Schroudenback [Schraudenbach] hier am Ort, wenn sie auch wohl damit rechnen dürfen, einen eigenen Hirten zu bekommen, sobald Bischof Melcher in der hiesigen Diözese sein Amt antritt. Alles in allem dürften wir es hier mit der unermüdlichsten Kirchengemeinde im ganzen Land zu tun haben, und der Glaubenseifer dieser Leute sollte an allen Orten und unter den Christen aller Konfessionen zur Nachahmung empfohlen werden.³

Durch diesen Artikel auf der Titelseite ihrer Zeitung dürften auch die Leserinnen und Leser der Chilton Times noch zu weiteren Fragen bezüglich ihrer neuen deutschsprachigen Nachbarn angeregt worden sein:

- Wo aus dem deutschen Sprachraum kamen diese fleißigen und frommen Einwanderer her?
- Wer genau waren die 72 Familien? Wie hießen sie?
- Warum ließen sich die neuen Siedler ausgerechnet in Calumet County nieder?

Lokalhistoriker und Familienforscher haben sich schon seit langem bemüht, diese Fragen zu beantworten, vor allem, was ihre eigene Herkunft angeht. Noch immer wird in Familien die Geschichte früherer Generationen niedergeschrieben, damit die Nachkommen sie einmal lesen können. Auch sind in vielen Familien sorgfältige Aufzeichnungen über Geburts-, Heirats- und Sterbe-

---

³ „The St. Charles Catholic Congregation", *The Chilton Times*, 25. Juli 1868, Titelseite. [Transkription Dr. Joan Naomi Steiner.]

daten vorhanden, die oft aus dem Gedächtnis angefertigt wurden. So verfügen wir heute über viele dicke Bände mit Familiengeschichten. Manche Familien in den Vereinigten Staaten bemühten sich schon früh um die originalen Einträge, mit denen ihre Vorfahren in Tauf- oder Heiratsregistern erfasst waren, und schrieben zu diesem Zweck an die amerikanischen Botschaften in den Herkunftsländern ihrer Familie. Damit kam allerdings ein zäher, langwieriger Prozess in Gang, der nicht immer zum gewünschten Erfolg führte.

Die geschichtlichen Verwerfungen, die das 20. Jahrhundert gebracht hat, haben sich auch auf die Recherchemöglichkeiten in den (ehemals) deutschsprachigen Regionen Europas ausgewirkt. Mit dem Fall des Eisernen Vorhangs 1989 öffneten sich die früheren Ostblockstaaten. Auch in der damaligen Tschechoslowakei brachte die „Samtene Revolution" den Menschen die Freiheit. Jetzt brauchten amerikanische Familienforscher nicht mehr den Umweg über die US-Botschaft nehmen, um handfeste Belege für ihre Herkunftsgeschichte zu finden: Sie konnten ganz einfach in die entsprechenden Regionen reisen und die Primärquellen – etwa Geburts-, Heirats- und Sterberegister, aber auch Grundbücher – selbst in Augenschein nehmen.

Eine weitere entscheidende Wende brachte ab den 1990er-Jahren der Aufstieg des Internet. Viele Unterlagen, zu deren Einsicht man früher in National- oder Regionalarchive reisen musste, wurden nun digitalisiert und konnten online aufgerufen werden; man brauchte lediglich einen Internetanschluss. Heute können Lokalhistoriker und alle genealogisch Interessierten noch immer in Archiven ihre Forschungen betreiben – oder sie arbeiten von irgendeinem anderen Ort der Welt aus, an dem es Internetzugang gibt. Eine weitere technische Neuerung, die für englische Muttersprachler (aber auch für alle anderen) eine große Erleichterung gebracht hat, ist die computergestützte Übersetzung, durch die Texte in fremden Sprachen zugänglich gemacht werden können, sofern sie in computerlesbarer Form vorliegen.

Dieses Buch baut auf der Leistung vieler Menschen auf, die noch kein Internet hatten, keine digitalisierten Taufregister oder Computertechnologien. Heute fällt es sehr viel leichter, lokal- und familiengeschichtliche Studien – aber auch die Geschichten, die in den Familien erzählt werden – mit „echten" Belegen von Geburten, Heiraten und Todesfällen zu unterfüttern, selbst wenn die Familie inzwischen nicht mehr in der Gegend ihrer Herkunft lebt. Durch diese völlig neuartigen Recherchemöglichkeiten kann man nun Fehlinformationen korrigieren und das bislang Bekannte durch neue Belege ergänzen, die womöglich bis an den Anfang der schriftlichen Überlieferung zurückreichen.

In Kapitel 1, „Nach Böhmen über England", gehe ich auf meine persönliche Verbindung zu der entstehenden Siedlung Charlesburg ein, wie sie in dem Artikel der *Chilton Times* vom Juli 1868 dargestellt wird. Dabei erkläre ich auch, welche falschen Annahmen über unsere Herkunft in meiner Familie bestanden.

Eine frühere Fassung dieses Kapitels ist bereits im *Heimatbrief der German Bohemian Heritage Society* („Deutschböhmischen Traditionsgesellschaft") in New Ulm (Minnesota) erschienen.[4]

In Kapitel 2 werden fünf Gemeinden vorgestellt, die heute in der Tschechischen Republik liegen, und aus denen Hunderte von deutschböhmischen Auswanderern nach Nordamerika gekommen sind. Auch die Gegenden im US-Bundesstaat Wisconsin, in dem sich viele von ihnen niederließen, stelle ich genauer vor.

In Kapitel 3 geht es um die „Neue Hoffnung im ‚Land der unbegrenzten Möglichkeiten'", mit der die Angehörigen dieser Aus-

---

[4] Joan Naomi Steiner, „Finding Bohemia by Way of England", *Heimatbrief*, März 2019, S. 5–7. (Auch online verfügbar unter https://germanbohemianwisconsin.com).

wanderungswelle ihr neues Leben begannen, aber es wird auch die Vorgehensweise erklärt, mit der die Herkunft der deutschböhmischen Siedlerfamilien von Brothertown und der Umgegend erforscht werden konnte. Auch von diesem Kapitel ist eine frühere Fassung bereits im *Heimatbrief* der „German Bohemian Heritage Society" erschienen.[5]

Kapitel 4 fasst die Forschungsergebnisse zu den fünf westböhmischen Herkunftsgemeinden der Siedler zusammen. Insgesamt 570 Einzelpersonen aus diesen Ortschaften konnten identifiziert werden und werden hier aufgeführt. Weitere 322 deutschsprachige Einwanderer, die im Rahmen der Nachforschungen recherchiert wurden, stammen aus insgesamt 48 anderen Gemeinden, die hier nicht genauer berücksichtigt werden konnten. Diese neu aufgefundenen Einwanderer regen zu weiteren Nachforschungen an.

Kapitel 5 schließt die Studie zusammenfassend ab und geht auf die Frage ein, warum die Auswanderer sich ausgerechnet in Calumet County niedergelassen haben

---

[5] Joan Naomi Steiner, „High Tide of High Hopes and Unlimited Opportunities", *Heimatbrief*, Juni/September 2020, S. 8–11. (Auch online verfügbar unter https://germanbohemianwisconsin.com)

Teil II dieses Buches ist als eine Art von Repertorium oder „Werkzeugkasten" für die Familienforschung. Zunächst liefert Kapitel 6 eine kommentierte Liste von lokal- und regionalgeschichtlichen Studien. Kapitel 7 führt Videodokumentationen zu den Gemeinden Habakladrau und Pistau auf, zur Kapelle von Kladruby (Kladerlas) und dem Ausstellungsraum im American Center der US-Botschaft in Prag. In Kapitel 8 finden sich Bücher über die Herkunftsregion und einzelne Dörfer, die auch in englischer Übersetzung vorliegen.

Kapitel 9 stellt einen tschechischen Lokalhistoriker vor, der im Raum Marienbad/Tepl tätig ist. Hier sind auch Werke in tschechischer Sprache aufgeführt und kommentiert, die für die Familienforschung in der Region nützlich sind, etwa bei der Suche nach Familiennamen oder Informationen zu einzelnen Herkunftsdörfern. Für die Erforschung der deutschböhmischen Einwandererfamilien von Brothertown beispielsweise waren diese Bücher hilfreich.

In Kapitel 10 geht es dann um die deutschsprachige Literatur zum Thema. Im Kommentar gebe ich jeweils an, für welche Familiennamen bzw. Herkunftsdörfer der Band einschlägig ist. Durch die Verwendung deutscher wie tschechischer Forschungsliteratur können die unterschiedlichen Perspektiven verglichen und kontrastiert werden.

Dieses Buch soll die oben schon eingeführten Fragen beantworten helfen, die sich die Einwohner von Calumet County 1868 nach der Lektüre des Artikels aus der *Chilton Times* gestellt haben mögen:
- Wo aus kamen diese fleißigen und frommen Einwanderer her?
- Wer genau waren die 72 Familien? Wie hießen sie?
- Warum ließen sich in Calumet County nieder?

Die in den Kapiteln 9 und 10 genannten Quellen und Hilfsmittel in verschiedenen Sprachen eröffnen unterschiedliche Perspektiven auf das deutschböhmische Siedlungsgebiet in der Gegend von Tepl und Marienbad. Ich habe sie von deutschen wie tschechischen Gesprächspartnern, mit denen ich durch meine Forschungen in Kontakt gekommen bin, als Geschenke erhalten. Nun möchte ich diese Geschenke mit anderen teilen, die mehr über die deutschböhmischen Einwanderer in Wisconsin und ihre Herkunftsregion erfahren möchten.

Die Nachkommen der Deutschböhmen von Calumet County können auf dieses Erbe stolz sein. Die zahlreichen Mühen und Nöte, die ihre Vorfahren zu erleiden hatten, die großen Schwierigkeiten, die sie mit noch größeren Anstrengungen überwinden konnten – all das muss ihr Gottvertrauen und Zusammengehörigkeitsgefühl noch verstärkt haben. Ihre Errungenschaften und Erfolge im Alltag belegen noch in der Rückschau, wie hart diese Menschen zu arbeiten bereit waren, wie ausdauernd sie an ihren Träumen festhielten. Das konnte auch den damaligen Einwohnern von Calumet County nicht verborgen bleiben, ja es musste ihre Bewunderung hervorrufen – eine Bewunderung, die auch aus dem Artikel von der Titelseite der *Chilton Times* vom 25. Juli 1868 spricht.

Kapitel 1

Nach Böhmen über England

Im Januar 2016 nahm ich an einer Veranstaltung der *International Society for British Genealogy and Family History* (ISB-GFH, „Internationale Gesellschaft für Familienforschung auf den Britischen Inseln") in Salt Lake City (Utah) teil, wo solche Seminare unter dem Titel „British Institute" schon seit über 20 Jahren stattfinden. In Salt Lake City befindet sich auch die *Family History Library* (FHL), eine genealogische Fachbibliothek der mormonischen Kirche, zu deren Angeboten auch das Online-Forschungsportal www.familysearch.org zählt.

Mein Interesse an dieser Veranstaltung lag darin begründet, dass ich genauere Einblicke in meine familiären Wurzeln gewinnen wollte, genauer gesagt in die Abstammung meiner Familie mütterlicherseits, der Familie Maltby, aus den Grafschaften Yorkshire und Somerset in Nord- bzw. Südwestengland. Also hatte ich mich für ein einwöchiges Seminar angemeldet, bei dem es um Dokumente und Unterlagen zur englischen Familienforschung in der Zeit ab 1840 gehen sollte. Zusätzlich hatte ich aber einen Beratungstermin bei der FHL gemacht, der auf die Erforschung *deutschsprachiger* Familiengeschichten gerichtet war. Mein Plan war, zunächst die Wurzeln der Steiners – meiner Familie väterlicherseits – zu erforschen, die aus Deutschland stammen sollte. Anschließend wollte ich mich dann um den englischen Teil der Familie kümmern.

Allerdings war es so, dass mich, als das einwöchige Seminar zur englischen Familiengeschichte zu Ende ging, die familiären Wurzeln meines Vaters völlig in ihren Bann geschlagen hatten. Von da an war das Herkunftsgebiet, die „alte Heimat" der Familie Steiner mein zentraler Forschungsbereich.

Zum Hintergrund

Ich bin auf der Farm der Familie Steiner aufgewachsen. Dort lebten der Großvater väterlicherseits, meine Eltern, mein Bruder und ich auf einem Areal von 85 Hektar in Calumet County, das im Nordosten des Bundesstaats Wisconsin zwischen dem Michigan-See und dem Lake Winnebago liegt. Wenn mein Bruder oder ich ihn nach der Herkunft unserer Familie fragten, sagte mein Vater uns immer, die Steiners kämen aus Detuschland. Deutsch wurde bei uns zu Hause – anders als in anderen Familien mit deutschen Wurzeln in Wisconsin – jedoch nicht gesprochen: Grandma Steiner, meine Großmutter, die wie meine eigene Mutter teils englischer Abstammung war, hatte schon bei der Heirat mit meinem Großvater darauf bestanden, dass in dem gemeinsamen Haushalt Englisch die einzige Sprache sein würde.

Mein Ururgroßvater Adalbert Steiner kam in Böhmen zur Welt, in der heutigen Tschechischen Republik.

Irgendwann in den 1990er-Jahren kam mir ein Buch in die Hände, das den Titel *The Descendants of Adalbert Steiner and Anna*

Guentner 1815–1886 trägt – Marianne Steiner, eine dieser „Nachkommen von ...", hatte es zusammengestellt.¹

Adalbert Steiner war der Urgroßvater meines Vaters und Anna Guentner seine Urgroßmutter. In dem Buch findet sich auch eine beglaubigte Abschrift des Totenscheins von Adalbert Steiner; dort ist angegeben, der Verstorbene sei in „Deutschland" geboren.²

Das Hochzeitsporträt von Henry und Alice Steiner. Am 21. Oktober 1913 schlossen mein Großvater und meine Großmutter den Bund der Ehe.

In diesem Buch über die Steiner-Nachfahren fand ich auch einen Stammbaum von Adalbert Steiner.³ Sein Geburtsdatum war der 20. Oktober 1815, und in der Stammtafel war sein Geburtsort als *„Böhmen, Germany"* angegeben. Damit schienen für mich die Überlieferung in der Familie, der Totenschein von Adalbert Steiner sowie der Stammbaum aus dem Buch alle darauf hinzudeuten, dass mein Ururgroßvater Adalbert Steiner in

Deutschland geboren war. Zusammen bildeten diese sekundären Quellen die Grundlage für meinen Beratungstermin bei der FHL-Fachabteilung für deutschsprachige Familienforschung, während ich in Salt Lake City an dem Seminar der ISBGFH zur britischen Familienforschung teilnahm. Als ich diesen Termin vereinbarte, war mir noch nicht bewusst, dass dieses „Böhmen" zur Zeit von Adalberts Geburt und Auswanderung in die Vereinigten Staaten von Wien aus regiert wurde.

Die Family History Library (FHL) in Salt Lake City (Utah/USA)

Als ich zum vereinbarten Termin in der FHL ankam, begrüßte mich zu meinem großen Erstaunen die Fachreferentin für Familienforschung in der Tschechischen Republik. Von ihr erfuhr ich dann, dass die Familie Steiner aus dem Bereich des heutigen Tschechien stammte, nicht aus dem heutigen Deutschland.

Die Beraterin sah meinen völlig verdutzten Gesichtsausdruck und dachte sich vermutlich ihren Teil. Im weiteren Verlauf unseres Gesprächs erklärte sie mir, wie sich aus der Überlieferung in meiner Familie und der geschichtlichen Entwicklung der letzten zwei Jahrhunderte dieses Missverständnis hatte ergeben können. Insbesondere rief sie mir in Erinnerung, dass „Deutschland" als ein eigener Staat erstmals 1871 auf der politischen Landkarte

Der Taufeintrag für meinen Ururgroßvater Adalbert Steiner vom 20. Oktober 1815.

Europas erschienen war. Das alte Königreich Böhmen jedoch, in dem Adalbert 1815 das Licht der Welt erblickt hatte, war da noch ein Bestandteil der österreichisch-ungarischen Habsburgermonarchie; inzwischen liegt es in der Tschechischen Republik.

Ich fiel aus allen Wolken. Es fühlte sich an, als wäre alles, was ich über die Herkunft und landsmannschaftlichen Hintergründe der Familie Steiner zu wissen geglaubt hatte, mit einem Mal in Frage gestellt. Und das war es ja auch – zu meinem Glück, wie sich herausstellen sollte!

Von der Tschechien-Expertin der FHL erfuhr ich, dass der Familienname Steiner ein typischer sudetendeutscher Name sei.

Sie zeigte mir eine Karte und wies mich auf den Grenzbereich zwischen dem heutigen Deutschland und der Tschechischen Republik hin. Dies war für sie, eine gebürtige Tschechin, das „böhmische Grenzland". Mithilfe der Online-Datenbank von Familysearch.org zeigte sie mir, wie ich auf die Taufregister zugreifen konnte, die dort nach Kirchengemeinde und Dorf geordnet verfügbar sind. In einem der online verfügbaren Kirchenbücher fand sie eine Familie Steiner. Ich bekam eine Liste mit empfohlenen Anlaufstellen für die weitere Recherche: amerikanische Quellen und Ansprechpartner, die ich konsultieren sollte, bevor ich mich mit den in Tschechien vorhandenen Beständen auseinandersetzen wollte – denn ich wusste ja offenbar noch nicht einmal den Namen des Dorfes, aus dem meine Vorfahren stammten.

Als das Seminar in Salt Lake City zu Ende war, fuhr ich wieder nach Hause – und hatte dabei wesentlich mehr Fragen im Gepäck als bei meiner Anreise, insbesondere Fragen über meine „deutsche" Herkunft. Als ich wieder daheim war, wurde mir bewusst, wie wenig ich eigentlich über meinen Großvater wusste, dabei hatte ich doch mit ihm bis zu seinem Tod auf unserer Familienfarm zusammengelebt. Als er starb, war ich im späten Teenageralter. Mein Vater hatte mir nur wenig erzählt, wahrscheinlich weil Mitte oder Ende der 1920er-Jahre, als er 10 oder 11 gewesen war, seine Mutter – meine Großmutter mit dem englischen Erbteil –, die Farm, ihren Ehemann und ihren Sohn verlassen hatte. Ganz bestimmt war das eine sehr schwere Zeit für meinen Vater, und ich respektierte seine Entscheidung, darüber nur wenig zu sprechen, um nicht an alte Wunden zu rühren. Das meiste, was ich über das damalige Leben meines Vaters in Erfahrung bringen konnte, habe ich von meiner Mutter gehört. Von ihr weiß ich beispielsweise, dass die Steiners katholisch waren, die Mutter meines Vaters jedoch eine „Episkopale" gewesen, also in einer gemäßigt protestantischen Kirche großgeworden war. Nach Aussage meiner Mutter hatte mein Großvater nach seiner Heirat nur noch sporadisch Kontakt zur Familie Steiner. Dies hatte zur Folge, dass mein Vater als Kind zwar die Namen seiner Großeltern, Tanten und Onkel aus der Familie Steiner kannte – die Personen selbst waren ihm jedoch fast unbekannt. Mein Bruder und ich wussten dementsprechend noch weniger über diese Seite der Familie.

An die Arbeit!

Mir wurde klar, dass ich – sollte ich jemals das Dorf ausfindig machen, aus dem meine Familie stammte – mit Verwandten würde Kontakt aufnehmen müssen, die ich noch nie in meinem Leben persönlich getroffen hatte. Eine Cousine nannte mir den

Namen einer anderen Cousine, von der sie meinte, dass diese vor Jahren einmal einen Genealogen beauftragt hätte, um das Dorf unserer gemeinsamen Vorfahren ausfindig zu machen. Also schrieb ich dieser zweiten Cousine eine E-Mail, stellte mich vor und nannte ihr meine Fragen. Zu meiner großen Überraschung hatte sie auf die wichtigste Frage auch gleich eine Antwort parat: Das gesuchte Dorf hieß Wischezahn (heute Vysočany), gehörte zum Kirchsprengel Habakladrau (heute Ovesné Kladruby) und liegt in Westtschechien – genau in der Grenzregion, die mir die Fachberaterin in Salt Lake City gezeigt hatte. Mit dieser Information rief ich die Wikiseite zur Tschechischen Republik auf Familysearch.org auf, klickte auf Online Records und fand dort die Archivseite Portafontium.eu, die mir die Beraterin auch schon gezeigt hatte. Ich suchte also nach den Unterlagen aus der Kirchengemeinde Habakladrau und dann die Kirchbücher für das Dorf Wischezahn, aus dem meine Vorfahren stammten. Weil ich aus Adalbert Steiners Totenschein sein Geburtsdatum kannte, stieß ich über das Jahr, den Monat und den Tag immer weiter in die Unterlagen vor, bis ich ihn schließlich ausfindig gemacht hatte.

In der Abbildung 3 ist oben schon der Taufeintrag für meinen Ururgroßvater Adalbert Steiner zu sehen gewesen. Zwar hatte ich diesen nun gefunden; aber die alte deutsche Schreibschrift aus dem Jahr 1815 konnte ich nur in Teilen lesen.[4] Außerdem brauchte ich eine Übersetzung des Eintrags, damit ich die darin enthaltenen Informationen vollständig verstehen konnte.

Bei der Suche im Internet stieß ich auf die Kontaktdaten einer Genealogin in Prag, die schon Erfahrung mit der Familienforschung in der Gegend von Habakladrau hatte. Ich schrieb auch ihr eine E-Mail, und sie erklärte sich bereit, Adalberts Taufeintrag zu transkribieren und zu übersetzen. Dort steh:

Namen:	Steiner Adalbert
Religion:	katholisch
Sex:	männlich
Stand:	ehelich
Eltern:	
Vater:	**Raymund Steiner,** Häusler und Weber, Tepl/Teplá dominion
Mutter:	**Katharina**, Tochter des Anton **Pop**, Bauerns in Kladrau [d. i. Habakladrau] No. 33 und der Anna Maria Miller hier von der No. 55
Paten:	
Namen:	Adalbert Rossner, Anna Maria Ros[s]ner + +
Stand:	Häusler von Wischezahn dessen Eheweib

Anmerkungen: [Getauft eigenhändig] von mir Marian Schusser, Pfarrer Hebamme Magdalena Rosner von Kladruby[5]

---
[4] Portafontium.eu, „Ovesné Kladruby," Nr. 5, Eintrag Adalbert Steiner, 20. Oktober 1815, https://www.portafontium.eu/iipimage/30066841/ ovesne-kladruby-05_0810-n?x=356&y=167&w=866&h=520 (zuletzt aufgerufen am 27.04.2023).
[5] Jan und Renata Peez, 8. Mai 2018, http://www.pathfinders.cz (zuletzt aufgerufen am 27.04.2023).

Aus diesem Dokument habe ich also die folgenden wertvollen Informationen erhalten:

- die Namen meiner Urururgroßeltern, Raymund and Katharina Steiner.
- die Namen von Katharinas Eltern (meinen Ururururgroßeltern) und ihre Adresse Nr. 33 in Habakladrau.
- die Adresse meiner Urururgroßmutter Anna Maria Mille, Nr. 55 in Habakladrau.
- den Namen des Priesters, der Adalbert getauft hat (Pfarrer Marian Schusser).
- das Gewerbe von Raymund Steiner als „Häusler" (Kleinbauer) und Weber in der Herrschaft Tepl.

Dass ich auf diese Weise den Beruf meines Urururgroßvaters Raymund erfuhr, hat mich überrascht. Mit einer solchen Angabe hätte ich in einem Taufregister nicht unbedingt gerechnet. Da ich nicht genau wusste, was mit „Häusler und Weber" gemeint sein sollte, schlug ich in dem Buch *Heimatbrief: Stories of German-Bohemians* nach.

Darin fand ich einen Text über Bauern in Böhmen, der mir einen Einblick in das Leben meines Urururgroßvaters Raymund Steiner als „Häusler und Weber" gab:

> „Ein Häusler besaß überhaupt kein Land. Ein etwas besserer Häusler hatte vielleicht noch einen kleinen Stall oder einen an das Haus gebauten Schuppen, in dem er eine Ziege und ein paar Hühner halten konnte, doch die meisten Häusler standen in der wirtschaftlichen Rangordnung ganz unten – sie waren Tagelöhner oder Weber, Appreturarbeiter oder Färber für die aufkommende Textilindustrie … ein echtes ‚Häuslerhaus' war ein kleines, freistehendes Gebäude, das oft nur ein einziges Zimmer hatte, manchmal aber noch ein kleines Obergeschoss, einen mehr oder minder geräumigen ‚Boden'."[6]

So erfuhr ich also, dass Raymund und Katharina Steiner vermutlich kein eigenes Stück Land besaßen. Aus Steuerlisten und Grundbucheinträgen könnte sich vielleicht noch feststellen lassen, was sie denn besaßen, sofern dieser Besitz überhaupt nennenswert war. Das Haus Nr. 15 in Wischezahn war vermutlich klein, beherbergte dabei aber Raymunds Webstuhl nebst Zubehör und Werkzeugen. Das war also der Haushalt, in dem der kleine Adalbert am 20. Oktober 1815 zur Welt kam.

Bei der genaueren Betrachtung des Taufeintrags ergaben sich mir aus den einzelnen Informationsstücken neue Fragen:
- Wer waren die Taufpaten Rossner bzw. Rosner? Waren

---

[6] Karen Hobbs, „Peasants in Bohemia", in: German-Bohemian Heritage Society (Hg.), Heimatbrief. Stories of German-Bohemians (New Ulm, MN: Edinborough Press, 2013), S. 147.

sie mit den Steiners verwandt? Was bedeuten die drei Kreuze hinter Anna Marias Namen?
- In welcher Beziehung stand die Hebamme Magdalena Rosner zu den Taufpaten Rossner/Rosner?
- Was war die Rolle einer Hebamme in kleinen böhmischen Dörfern wie Wischezahn, insbesondere im Verhältnis zum örtlichen Pfarrer?
- Was war die „Tepler Herrschaft", die in dem Taufeintrag erwähnt wird? In welchem Verhältnis stand sie zu den Dörfern Habakladrau und Wischezahn?
- War die Dorfkirche, in der Adalbert Steiner getauft wurde, noch erhalten?

Durch die Beantwortung dieser Fragen hoffte ich mir einen Kontext zu schaffen, in dem ich das Leben, Wirken und Sterben meiner Vorfahren aus der Familie Steiner besser verstehen konnte. Ich wollte sie besser kennenlernen, durch ihre Arbeit, ihr Alltagsleben, ihre Enttäuschungen und Festtage. Dazu musste ich mich mit der gesellschaftlichen, wirtschaftlichen und politischen Realität eines kleinen böhmischen Dorfes im frühen 19. Jahrhundert vertraut machen.

Die nächsten Schritte

Adalberts Taufeintrag machte ich am 8. August 2016 ausfindig, als ich gerade an meinem heimischen Schreibtisch saß. Jeder, der schon einmal nicht weiterkam – und dann plötzlich doch! –, wird verstehen können, wie ich mich in diesem Augenblick gefühlt habe: verblüfft, begeistert, erleichtert und ausgelassen – alles auf einmal! Diesen Tag werde ich nie vergessen. Die Entdeckung des Taufeintrags gab den Anstoß für die nächsten Schritte meiner Recherche. Zuerst wollte ich das Haus Nr. 15 in Wischezahn in der Gemeinde Habakladrau auf einer Karte ausfindig machen und mehr über die Geschichte jener Gegend erfahren. Langsam erkannte ich, dass die Geschichte meiner Vorfahren *meine* Geschichte ist! Dank dem ISBGFH-Seminar in Salt Lake City und meinem Gespräch mit der Tschechien-Expertin der *Family History Library*, war ich schließlich – nach einem Umweg über England – in Böhmen angekommen!

Kapitel 2

Woher kamen die deutschböhmischen Emigranten?

Westböhmen – Egerland – Pohraničí

Ab den 1850er-Jahren kamen mehr als 570 deutschböhmische Auswanderer vom Egerland nach Calumet County in Wisconsin. Das Egerland gehörte damals zum Königreich Böhmen, das wiederum ein Kronland des Kaisertums Österreich war. Die Nachfahren der deutschsprachigen Auswanderer aus Westböhmen in den Vereinigten Staaten bezeichnen sich noch heute als *German Bohemians* („Deutschböhmen"). Ihre Vorfahren lebten im böhmischen (heute tschechischen) Grenzland, weshalb sie auf

Karte 1: Die Regionen, Bezirke und Gemeinden Tschechiens[1]

Englisch manchmal auch *Border People* („Grenzleute, Grenzvolk") genannt werden. Erst im 20. Jahrhundert wurde für die deutschsprachigen Gebiete entlang der böhmischen Grenzen die Bezeichnung „Sudetenland" gebräuchlich. Auf Tschechisch spricht man heute von Pohraničí, dem „Grenzland".

Das heutige Tschechien

Die heutige Tschechische Republik entstand 1993 aus der Tschechoslowakei.[2] Auf der Karte 1 sieht man die Nachbarländer Tschechiens: Polen im Norden, die ebenfalls aus der Tschecho-

---

[1] *Die Regionen, Bezirke und Gemeinden Tschechiens.* Urheber: Tschubby (CC BY-SA 3.0). (https://upload.wikimedia.org/wikipedia/commons/3/31/Gemeinden_Tschechien_2020.png – zuletzt aufgerufen am 27.04.2023).

[2] Encylopaedia Britannica, „Czech Republic: History" (https://www.britannica.com/place/Czech-Republic/History – zuletzt aufgerufen am 27.04.2023).

slowakei hervorgegangene Slowakei im Osten, Österreich im Süden sowie Deutschland im Westen und Nordwesten. Entlang der West-, Süd- und Nordgrenzen des heutigen Tschechien lebte eine überwiegend deutschsprachige Bevölkerung bis zu ihrer Vertreibung nach dem Zweiten Weltkrieg.

Die deutschsprachigen Gebiete

Bis zum Ende des Zweiten Weltkriegs lebte im böhmischen und mährischen Grenzland eine zahlreiche deutschsprachige Bevölkerung, zunächst als Untertanen der österreichischen Krone,

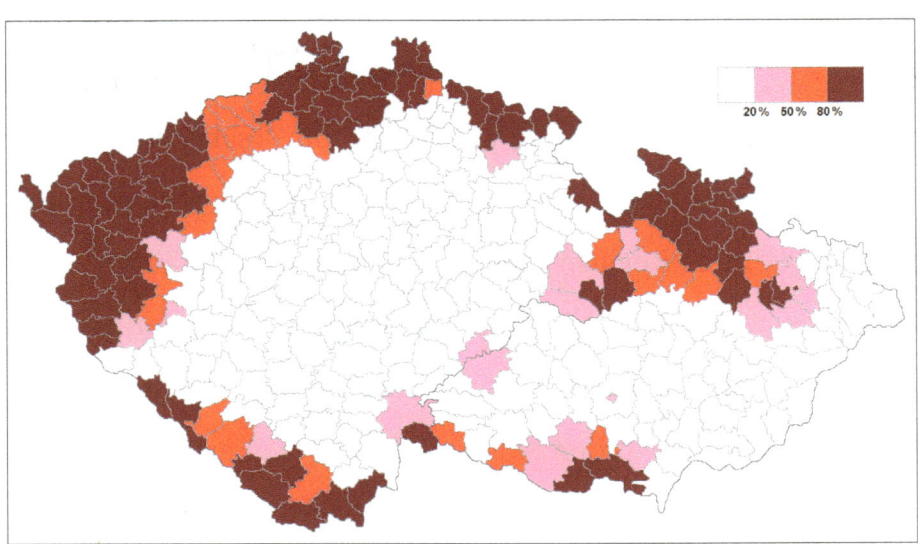

Karte 2: Anteil der deutschsprachigen Bevölkerung in den Grenzen des heutigen Tschechien (Stand: 1930s).[3]

---

[3] Anteil der deutschsprachigen Bevölkerung in den Grenzen des heutigen Tschechien (Stand: 1930). Urheber: Fext (CC BY-SA 3.0) auf Grundlage des Materials in Statistický lexikon obcí v Republice československé I. Země česká (Praha, 1934), Statistický lexikon obcí v Republice československé II. Země moravskoslezská (Prag 1935) (https://upload.wikimedia.org/wikipedia/commons/d/d3/Sudetendeutsche.png – zuletzt aufgerufen am 27.04.2023).

Karte 3: Die Gegend um Marienbad und Tepl, ursprüngliche Heimat der Deutschböhmen von Wisconsin[4]

nach dem Ersten Weltkrieg als Bürger der Tschechoslowakei, nach dem „Anschluss" des Sudetenlandes an das Deutsche Reich 1938/39 im „Reichsprotektorat Böhmen und Mähren". Wie die Karte 2 verdeutlicht, lagen die Regionen mit der größten deutschsprachigen Bevölkerung im westlichen und nördlichen Böhmen sowie im Norden Mährens. Durch die Vertreibung nach dem Zweiten Weltkrieg sank der deutschsprachige Bevölkerungsanteil beinahe auf Null. In Kapitel 10 wird es um die Vertreibung und ihre Auswirkungen auf das heute tschechische Grenzland gehen.

---

[4] Kaiserwald und Tepler Hochland. Die Kreise Marienbad – Plan – Tepl. Nürnberg: Helmut Preußler Verlag + Druck, 1989. (Sammlung Dr. Joan Naomi Steiner).

Die Gegend um Marienbad und Tepl

Die Dörfer um Marienbad und Tepl im früheren Regierungsbezirk Eger liegen im Nordwesten Böhmens, nahe der Grenze zur bayrischen Oberpfalz. Zu Zeiten der Feudalherrschaft gehörten sie zum Besitz des Prämonstratenserklosters Stift Tepl. Die Tepler Chorherren verwalteten etwa 50 Dörfer.[5] Die Bauern in diesen Dörfern mussten auf dem Land des Klosterbesitzes Frondienste leisten und waren an die Rechtsordnung gebunden, die ihnen die Grundherrschaft auferlegte. Karte 3 zeigt einen Ausschnitt der Gegend um Marienbad und das Stift Tepl; viele der dort verstreut liegenden Dörfer gehörten zur Tepler Herrschaft. Auch etliche Herkunftsdörfer der Deutschböhmen, die sich ab den 1850er-Jahren im Calumet County in Wisconsin ansiedelten, sind dort zu sehen. Über die Jahre verließen Hunderte von Auswanderern die Region und suchten ihr Glück in der „Neuen Welt".

Calumet County (Wisconsin)

Nach Calumet County – und insbesondere nach Brothertown – kamen die deutschböhmischen Auswanderer, um ein neues Leben für sich, ihre Familien und künftigen Nachfahren aufzubauen. Karte 4 zeigt das Gebiet des heutigen Wisconsin im Jahr

---

[5] František Palacký, Popis Králowstwí českého, čili, Podrobné poznamenání wšech (1848), S. 402–403.

1846 (zwei Jahre bevor aus dem Wisconsin Territory der 30. US-Bundesstaat wurde). Die Gegend bot Wald- sowie fruchtbares Acker- und Weideland; klimatisch war sie den Bedingungen im westlichen Böhmen nicht unähnlich. Die Großen Seen, der Lake Winnebago sowie die Flüsse Fox River und Manitowoc River stellten hervorragende Transportwege dar, was für den Verkauf des hier angebauten Getreides und anderer landwirtschaftlicher Erzeugnisse ein großer Vorteil war.

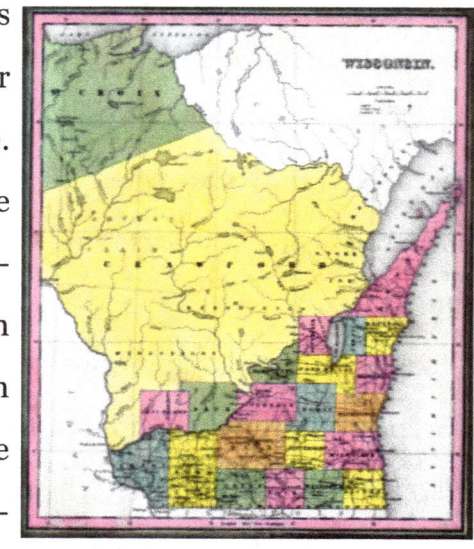

Karte 4: Das Wisconsin Territory im Jahr 1846[6]

Die „Town of Brothertown"

Was in der Verwaltungsstruktur des Staates Wisconsin Town genannt wird, sind zunächst keine „Städte" im landläufigen Sinn, sondern eine Art von „Großgemeinden": relativ weitläufige, oft ländlich geprägte Gebiete, die als Unterteilung der größeren

---

[6] S. Augustus Mitchell, Wisconsin 1846 (Philadelphia: S. Augustus Mitchell, 1846). Digitalisat der American Geographical Society Library, University of Wisconsin-Milwaukee Libraries (https://collections.lib.uwm.edu/digital/collection/agdm/id/654/rec/2 – zuletzt aufgerufen am 27.04.2023).

Counties (etwa: Landkreisen) fungieren. Beide Verwaltungsebenen wurden 1827 eingeführt, als das Gebiet des späteren Wisconsin noch Teil des Michigan-Territoriums war.[7] Im Jahr 1839 – Wisconsin war inzwischen zu einem eigenen Territorium geworden – teilte die US-Bundesregierung in Washington ein Stück Land, das als die Town of Brothertown bezeichnet wurde, an die sogenannten Brothertown Indians („Indianer von Brothertown") zu, die aus dem Bundesstaat New York umgesiedelt wurden. Die Town erstreckte sich über 140 Quadratkilometer, von denen nur etwa 2 Quadratkilometer nicht an die Indianer gingen. So wurde aus der Town of Brothertown die Brothertown Reservation, ein Indianerreservat.[8]

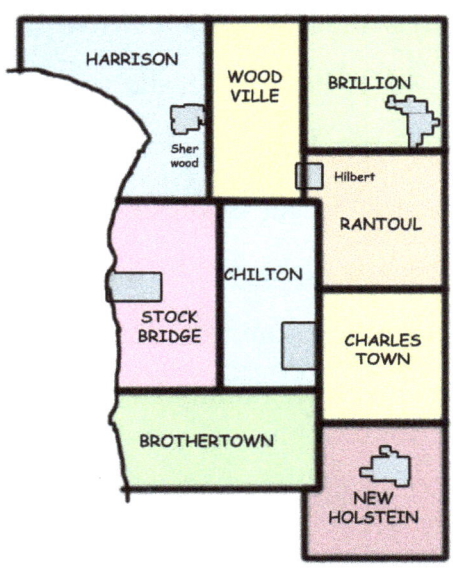

Karte 5: Die Towns im Calumet County. (Bei der Ausbuchtung linkerhand handelt es sich um das Ufer des Lake Winnebago.)[9]

---

[7] „Structures of Government", Encyclopedia of Government (ECM), eine digitale Sammlung der UWM. (https://emke.uwm.edu/entry/structure-of-local-government/ – zuletzt aufgerufen am 27.04.2023).

[8] Craig Cipolla und Caroline Andler, „The Brothertown Indian Nation History". Craig Cipolla und Caroline Andler, „The Brothertown Indian Nation History". (https://brothertownindians.org/heritage/history/ – zuletzt aufgerufen am 27.04.2023).

[9] Historical Atlas of Wisconsin (Milwaukee: Snyder, Van Vechten and Co., 1846), Digitalisat unter http://sites.rootsweb.com/~wicalume/ – zuletzt aufgerufen am 27.04.2023.

Die amerikanische Regierung bot den Indianern die US-Staatsbürgerschaft an – *wenn* sie im Gegenzug ein Stück Land zur Bewirtschaftung übernahmen. Dieses Angebot sagte den Brothertown-Indianern zu, die zuvor schon mehrmals von Reservat zu Reservat hatten ziehen müssen. Bedauerlicherweise wurde der Besitz einiger Stammesmitglieder enteignet, nachdem sie ihre Steuern nicht gezahlt hatten. Spekulanten kauften dieses Land auf und verkauften es mit Gewinn.[10] Auf Karte 5 sind die Towns des Calumet County zu sehen.

Marytown in der „Town of Calumet" im Fond du Lac County

Einige der ersten deutschböhmischen Siedler in diesem Teil von Wisconsin – darunter auch meine Vorfahren, die Steiners – ließen sich zunächst in Marytown nieder, einem Ort in der *Town of Calumet* im südlich angrenzenden Fond du Lac County. Dann erst erwarben sie Grund und Boden in Brothertown und zogen dorthin um. Marytown, in dem bereits seit 1849 eine katholische Kirchengemeinde bestand, genoss unter den Katholiken einen hohen Bekanntheitsgrad, weil der Bischof von Milwaukee, John Henni, für die Siedlung warb. Bischof Henni (der selbst als Jo-

---

[10] Craig Cipolla und Caroline Andler, „The Brothertown Indian Nation History". (https://brothertownindians.org/heritage/history/ – zuletzt aufgerufen am 27.04.2023).

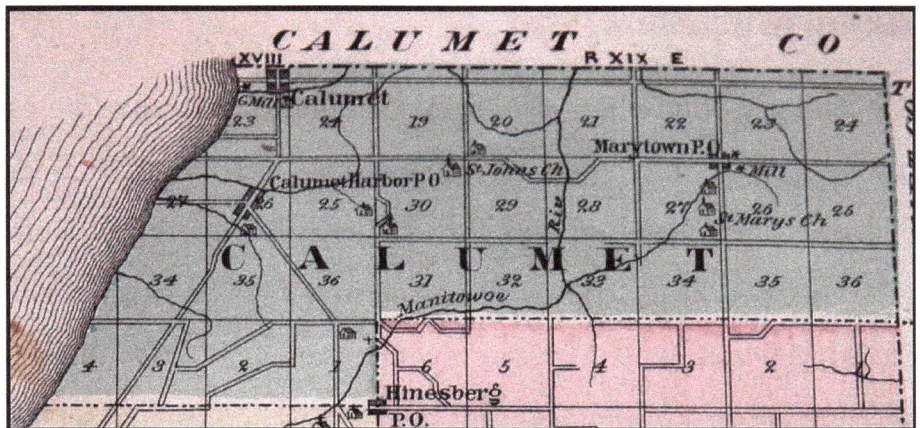

Karte 6: Die T*own of Calumet* im *Fond du Lac County* (1846).[11]

hann Martin Hänni im schweizerischen Graubünden zur Welt gekommen war), bemühte sich auch in Europa um deutschsprachige Einwanderer zur Ansiedlung in Wisconsin.

Die ersten deutschböhmischen Siedler in Brothertown legten zu ihren wöchentlichen Gottesdiensten in der St. Mary's Church von Marytown einen Fußmarsch von insgesamt 10 Meilen zurück – 8 Kilometer je Weg. Dies ging so, bis sie schließlich ihre eigene Kirche errichten konnten.[11] Karte 6 zeigt die Lage von Marytown innerhalb des Fond du Lac County; die Grenze zum Calumet County verläuft ein Stück nördlich der Siedlung.

---

[11] Illustrated Historical Map of Wisconsin (Milwaukee: Snyder, Van Vechten & Co., 1878), Digitalisat unter: http://www.formycousins.com/1878/1878atlas-Fondulac.html – zuletzt aufgerufen am 27.04.2023.

Zusammenfassung

Die deutschböhmischen Siedler im Calumet County, um die es mir in meiner Studie geht, stammten aus Dörfern in der Gegend von Marienbad und Tepl im westlichen Böhmen, die heute in Tschechien liegen. Die meisten von ihnen ließen sich in dem Siedlungsbezirk *(town)* Brothertown im Calumet County nieder. Diese emsigen Einwanderer mit dem deutschen Zungenschlag kamen aus Europa auf direktem Weg nach Wisconsin, um dort Land zu erwerben, den Wald zu roden und Felder anzulegen, Häuser und Höfe zu errichten, eine eigene Kirche und Schule zu bauen. Die Deutschböhmen aus dem Egerland kamen in das Calumet County, um sich dort ein besseres Leben aufzubauen – sich und ihren Familien und künftigen Generationen.

Kapitel 3

Neue Hoffnung im „Land der unbegrenzten Möglichkeiten": Untersuchung zur deutschböhmischen Einwanderung in das Calumet County (Wisconsin/USA)

Zum Hintergrund

Das Revolutionsjahr 1848 brachte an vielen Orten Europas einen tiefen Einschnitt, und so auch für die Dörfer in der Herrschaft Tepl und der Gegend von Marienbad. Auch in Wisconsin brachte dieses Jahr tiefgreifende Veränderungen, wenn auch aus anderen Gründen. In Böhmen wurde das jahrhundertealte Feudalsystem im Zuge der Bauernbefreiung aufgelöst: 1848 zerbrach die alte Ordnung, in der die Bauern ihrem Grundherrn gegenüber dienstpflichtig gewesen waren. Auch die Bauern in den Dörfern um

Marienbad und Tepl waren nun frei. Man kann sich gut vorstellen, wie diese neugewonnene Freiheit die Herzen und Köpfe der Leute erfüllte, sie weit machte und Hoffnungen auf eine bessere Zukunft für sich und seine Angehörigen aufkeimen ließ.

Dasselbe Jahr 1848 brachte dem bisherigen Wisconsin-Territorium einen neuen Status als 30. Bundesstaat der USA. Auch hiermit verbanden sich viele Hoffnungen für die Zukunft. Um die Wildnis aus dichten Wäldern und fischreichen Wasserläufen in ein stolzes und produktives Glied des 1776 geschlossenen Bundes zu verwandeln, würde man viele tatkräftige Siedler brauchen. Die Wälder, fruchtbaren Acker- und Weideböden von Wisconsin boten den Auswanderern aus dem Marienbader und Tepler Umland vielfältige Gelegenheiten, ein neues Leben zu beginnen, dessen Zukunftsperspektiven reicher und strahlender erschienen, als es bisher möglich gewesen war.

Sowohl die deutschböhmischen Siedler in Wisconsin als auch ihre Verwandten, die in Europa geblieben waren, lernten nun die Demokratie kennen. Durch die immer bessere Ausformung demokratischer Verfahren bauten sie eine belastbare Zivilgesellschaft auf – in der „Neuen Welt" wie in der „alten Heimat". Das Jahr 1848 steht sinnbildlich für die großen Hoffnungen auf

Auf dieser 1908 festgehaltenen Postkartenansicht von Charlesburg, Calumet County, Wisconsin, mit Blick in nördlicher Richtung erscheinen (v. l. n. r.): das Pfarrhaus der Kirche St. Charles Borromeo (Hl. Karl Borromäus), die Kirche selbst, und die Schule. (Sammlung Herb Buhl)[1]

---

vielleicht sogar „unbegrenzte" Möglichkeiten, die sich auf beiden Seiten des Atlantiks an diesen demokratischen Aufbruch knüpften.

Dies also war der vielversprechende Zusammenhang, in dem das Calumet County von Wisconsin und insbesondere Brothertown durch deutschböhmische Auswanderer besiedelt wurden, die aus den Dörfern im Umkreis von Marienbad und Tepl kamen.

Wie alles anfing

Schon nach kurzer Zeit fielen mir erstmals bekannte Nachnamen auf, als ich in den Tauf-, Ehe- und Sterberegistern der Kirchenbücher nach den Spuren meiner Steiner-Vorfahren suchte. Bald konnte ich Verbindungen zwischen den Nachnamen in den nordwestböhmischen Dörfern und meiner eigenen Heimatgegend um Charlesburg, Wisconsin, herstellen. (Charlesburg liegt in der *Town of Brothertown* im Calumet County.) Aus dem Buch *A History of the Parish of St. Charles Borromeo*, in dem die Geschichte der katholischen Pfarrgemeinde von Charlesburg dargestellt ist, erfuhr ich die Namen der ersten Siedler in der Gegend. Und auch wenn ich das zum damaligen Zeitpunkt noch nicht wusste: Sie waren deutschböhmischer Herkunft und kamen aus den Dörfern um Marienbad und Tepl, wie auch – etwas später, im Jahr 1856 – meine eigenen Vorfahren, die Steiners.

Immer mehr Familien kamen in der Gegend an, erwarben Land, bauten ihre ersten, bescheidenen Häuser und gründeten ein neues Dorf, das sie „Charlesburg" nannten. Dort errichteten sie eine Kirche mit Pfarrhaus und eine Schule, die alle den Namen „St. Charles" trugen, nach ihrem Schutzpatron, dem heiligen Karl Borromäus. Im Jahr 1858, heißt es in der schon genannten Kirchengeschichte, legten die deutschböhmischen Siedler an der Nordseite ihrer Kirche einen Friedhof an.[2]

In dem Buch über die Geschichte von St. Charles werden auch die ersten Kolonisten von Charlesburg mit Namen genannt. Durch meine Recherche in den verfügbaren Online-Datenbanken habe ich ihre Herkunftsdörfer sowie Geburts- und/oder Taufdaten herausfinden können.

Diese Luftaufnahme des prachtvollen Prämonstratenserstifts Tepl erschien auf einer historischen Postkarte. Der Blick geht in östliche Richtung, so dass sich am Horizont das etwa 150 Kilometer entfernte Prag erahnen lässt. (Sammlung Dr. Joan Naomi Steiner)

Dies sind die ersten deutschböhmischen Siedler von Charlesburg:

- **Anton Reinl**, geboren in Abaschin Nr. 3, Egerland, Königreich Böhmen, Kaisertum Österreich (heute Závišín, okres Cheb [Kreis Eger], Karlovarský kraj [Bezirk Karlsbad], Česko [Tschechien]).[3]

- **Raymond Lodes**, geboren in Rojau Nr. 19, Egerland, Königreich Böhmen, Kaisertum Österreich (heute Rájov, okres Cheb, Karlovarský kraj, Česko).[4]

- **Joseph Nadler**, geboren in Rojau Nr. 66, Egerland, Königreich Böhmen, Kaisertum Österreich (heute Rájov, okres Cheb, Karlovarský kraj, Česko).[5]
- **Joseph Fischer**, geboren in Rojau Nr. 8, Egerland, Königreich Böhmen, Kaisertum Österreich (heute Rájov, okres Cheb, Karlovarský kraj, Česko).[6]

Alle vier Familien gingen in Bremerhaven an Bord und landeten nach etwa 45-tägiger Überfahrt in New York. Die Familie Lodes erreichte Amerika im Jahr 1854; die anderen drei Familien kamen im Jahr darauf an, 1855. In ihren Briefen nach Hause haben sie vermutlich andere Familien aus derselben Gegend um Marienbad und Tepl ermutigt, sich ihnen in ihrer neuen Heimat anzuschließen. Auch die Familie Steiner könnte durch solche Berichte zur Auswanderung motiviert worden sein. Im Lauf der folgenden Jahrzehnte kamen noch viele Dutzend deutschböhmische Familien, Hunderte von Menschen, nach Calumet County: eine wahre Auswanderungswelle aus den Dörfern der Herrschaft Tepl und des Marienbader Umlandes in den Mittleren Westen der USA.

Die Anfänge meines Einwanderer-Forschungsprojekts

Ehe ich mich versah, war aus meiner ganz persönlichen Familienforschung das Calumet County Immigration Research Project geworden, ein Forschungsprojekt über die Einwanderung nach Calumet County. Dabei wurden Dörfer aus den folgenden Kirchsprengeln der Herrschaft Tepl und des Marienbader Umlandes berücksichtigt (Nennung jeweils auf Deutsch und Tschechisch): Habakladrau (heute Ovesné Kladruby), Pistau (Pistov), Einsiedl (Mnichov), Tepl (Teplá) und Rojau (Rájov). Methodisch bin ich dabei zur Auffindung der deutschböhmischen Einwanderer wie folgt vorgegangen:

- In einem Register der auf dem Friedhof von St. Charles in Charlesburg vorgenommenen Bestattungen wurden die Namen deutschböhmischer Einwanderer identifiziert.
- Anschließend habe ich in den Archiven und Meldeunterlagen des Calumet County sowie des Bundesstaats Wisconsin weitere Informationen über diese Einwanderer zusammengetragen. Auch Nachrufe in den örtlichen Zeitungen (die in den Vereinigten Staaten eine ähnliche Funktion erfüllen wie Todesanzeigen in Deutschland, Österreich und der Schweiz) sowie Familiengeschichten, die in mir örtlichen Bibliotheken zugänglich waren, erwiesen sich als wertvolle Quellen.
- Nachdem ich einzelne Einwanderer identifiziert hatte, konnte ich deren Einwanderungsunterlagen aufspüren.
- In den Unterlagen über die Einbürgerung in den Verein-

igten Staaten ließ sich dann –zumindest in einigen Fällen – die Herkunft der Einwanderer aus ihren jeweiligen Herkunftsdörfern bzw. Kirchsprengeln nachvollziehen.

- Mithilfe des Staatsarchivs in Pilsen (Plzeň, „Staatliches Regionalarchiv Westböhmens") konnte ich auf die online verfügbaren Geburts- bzw. Taufeinträge der deutschböhmischen Einwanderer zugreifen.
- Um die Ergebnisse meiner Nachforschungen allgemein zugänglich zu machen, wurden für jede identifizierte Person die Links zu den jeweiligen Originaldokumenten in eine Datenbank auf germanbohemianwisconsin.com eingepflegt.
- Abschließend erfolgte die Gruppierung der identifizierten Einwanderer nach ihrem Geburts- bzw. Taufort in Böhmen. In Kapitel 4 sind diese Aufstellungen enthalten und werden erläutert.

Nach dem aktuellen Stand der Recherche sind mehr als 400 Personen aus der Gegend von Marienbad und Tepl nach Calumet County, Wisconsin, eingewandert. Zu den hier vertretenen Nachnamen zählen (ohne Anspruch auf Vollständigkeit): Denk, Fischbach, Fischer, Gintner (Güntner), Gröschel (Gröschl), Hammer, Leitner, Lenz, Lodes, Müller (Muller), Nadler, Neubauer, Pimpl, Pop (oder Popp), Reinl, Rott, Rummer, Schott, Schusser, Steiner, Utschig, Weber, Wettstein und Zucker.

Weitere Forschungen

Jahr für Jahr treffen sich Sudetendeutsche – viele von ihnen Verwandte der Einwanderer aus dem Raum Marienbad/Tepl nach Wisconsin – in der Begegnungsstätte Heiligenhof in Bad Kissingen. Im Juni 2019 nahm auch ich an diesem Treffen teil. Dort stellte ich erste Forschungsergebnisse vor, etwa die Namen und Herkunftsdörfer der deutschböhmischen Auswanderer, die es ab 1850 über den „großen Teich" gezogen hatte. Gleich mehrere Teilnehmer berichteten mir, dass in ihren Familien immer von Verwandten erzählt worden sei, die in Amerika ihr Glück gesucht hätten. Eine Frau konnte sich daran erinnern, dass über den Atlantik hinweg Briefe ausgetauscht worden seien. Sie wusste auch noch, dass ihre Verwandten sich in Jericho, Wisconsin, niedergelassen hatten, das ebenfalls auf dem Gebiet der *Town of Brothertown* im Calumet County liegt. Die Sudetendeutschen, die ich bei diesem Treffen in Bad Kissingen kennenlernen durfte, hatten ein großes Interesse daran, mehr über ihre Verwandten in Amerika herauszufinden.

Auch an der Kirchweih von St. Laurentius in Ovesné Kladruby (Habakladrau) und dem Bartholomäusfest in Pistov (Pistau) habe ich im August 2019 teilgenommen. Videodokumentationen über diese Ereignisse sind in Teil II dieses Buches aufgeführt. An beiden haben auch einige der Sudetendeutschen teilgenommen, die ich bereits bei dem Treffen in Bad Kissingen kennengelernt hatte.

In der Folgezeit haben wir unseren Dialog über die deutschböhmischen Siedler von Calumet County weiter fortgesetzt. Meine sudetendeutschen Bekannten stellten mir Bücher und Kopien von Forschungsmaterial zu den Dörfern um Habakladrau und Pistau zur Verfügung. Diese Informationen sind ein unschätzbares Geschenk für mich gewesen und haben meiner Forschung eine zuvor nicht mögliche Tiefe gegeben. Auch diese Ressourcen führe ich in Teil II des Buches auf. Auch heute bleiben wir in Kontakt, E-Mail und Google Translate sei Dank.

Bei meinem Besuch in Tschechien im August 2019 habe ich mich mit Bürgermeistern, Lokalhistorikern und Einheimischen getroffen, um ihnen die ersten Ergebnisse meiner Forschungen vorzustellen: die große Auswanderungswelle aus ihrer böhmischen Heimat nach Wisconsin. Die Lokalpolitiker zeigten großes Interesse und wollten mehr über die Menschen erfahren, die früher einmal in ihren Dörfern gelebt hatten, bevor sie nach Wisconsin emigriert waren. Der Gedanke machte sie froh, dass in Zukunft vielleicht auch andere Nachfahren der Amerika-Auswanderer ihre Dörfer besuchen würden.

Die nächsten Schritte

Um das Projekt weiter fortzuführen, sind die folgenden Schritte vonnöten:

1. Der Erkenntnisse über die Einwanderung von Böhmen nach Wisconsin sollen zusammengestellt und den Nachfahren der deutschböhmischen Siedler im Calumet County zugänglich gemacht werden, aber auch den Sudetendeutschen aus der Gegend von Marienbad und Tepl und deren Nachfahren sowie den heutigen tschechischen Bewohnern dieser Gegend.
2. Unter den Nachfahren der deutschböhmischen Siedler in Wisconsin, den Sudetendeutschen und ihren Nachfahren sowie den heutigen tschechischen Bewohnern der Gegend sollte ein größeres Bewusstsein von der gemeinsamen Geschichte geschaffen werden, von der tiefen kulturellen Verbundenheit aller drei Seiten.
3. Weitere interessierte Nachfahren der deutschböhmischen Siedler von Calumet County – außer mir selbst – müssten ausfindig gemacht werden, damit auch sie die bislang verborgenen Geschichten ihrer Vorfahren teilen können.

Auf dem weiteren Weg in die Zukunft lade ich alle amerikanischen

Nachfahren und europäischen Verwandten der deutschböhmischen Siedler von Calumet County herzlich ein, mir bei der Erforschung unserer gemeinsamen Geschichte unter die Arme zu greifen. Ich bin mir sicher, es gibt noch sehr viel mehr Geschichten zu erzählen!

Von den hier vorgestellten Recherchen profitieren die Sudetendeutschen und ihre Nachfahren, die heute in der Gegend ansässigen Tschechen und ihre Nachfahren sowie die Nachfahren der Siedler im Calumet County in Wisconsin. Sie alle profitieren von den neuen Erkenntnissen über unsere gemeinsame Geschichte – von einer neuen Wertschätzung für unsere gemeinsamen böhmischen Wurzeln, unser gemeinsames kulturelles Erbe. Wir alle profitieren davon, wenn wir die noch unerzählte Geschichte unserer Vorfahren kennenlernen.

---

1 John Kern, *A History of the Parish of St. Charles Borromeo* from its beginning in 1866 to the days of its Diamond Jubilee November 4, 1941. Buch im Besitz von Dr. Joan Naomi Steiner, Neenah, Wisconsin, 2019. (Adresse auf Anfrage).
2 Postkarte der St.-Charles-Kirche, Pfarrhaus und Schule, 1908. Sammlung Herb Buhl, Chilton (Wisconsin). Adresse auf Anfrage.
3 Kirchenbuch Habakladrau 1814–1866, Band 5, Bild 134 (Seite 270), Zeile 1, Bezirksstaatsarchiv Pilsen. Digitalisat: https://www.portafontium.eu/iipimage/30067855/rajov-01_0461-n?x- =419&y=340&w=615&h=259 (zuletzt aufgerufen am 27.04.2023).
4 RKirchenbuch Rojau 1789–1840, Band 1, Bild 116 (Seite 75), Zeile 3, Bezirksstaatsarchiv Pilsen. Digitalisat: https://www.portafontium.eu/iipimage/30067855/rajov-01_0461-n?x- =419&y=340&w=615&h=259 (zuletzt auf-

gerufen am 27.04.2023).

5   Kirchenbuch Rojau 1789–1840, Band 1, Bild 116 (Seite 75), Zeile 3, Bezirksstaatsarchiv Pilsen. Digitalisat: https://www.portafontium.eu/iipimage/30067855/rajov-01_0551-n?x=- 22&y=65&w=753&h=317 (zuletzt aufgerufen am 27.04.2023).

6   Kirchenbuch Rojau 1789–1840, Band 1, Bild 116 (Seite 75), Zeile 3, Bezirksstaatsarchiv Pilsen. Digitalisat: https://www.portafontium.eu/iipimage/30067855/rajov-01_0751-n?x=- 22&y=269&w=586&h=246 (zuletzt aufgerufen am 27.04.2023).

7   *Passenger Lists of Vessels Arriving at New York, New York, 1820-1897*. Mikrofilm M237, 675 Rollen. NAI: 6256867. Archiv der US-Einwanderungsbehörde, Aktenbestand 36. Nationalarchiv Washington, D.C. Datenbank: *Ancestry.com* (http://www.ancestry.com – zuletzt aufgerufen am 27.04.2023), Eintrag für R. Ludes [Lodes], Alter 46 Jahre, Ankunft New York Castle Gardens, 14. September 1854 mit dem Schiff *Elizabeth*.

8   *Passenger Lists of Vessels Arriving at New York, New York, 1820-1897*. Mikrofilm M237, 675 Rollen. NAI: 6256867. Archiv der US-Einwanderungsbehörde, Aktenbestand 36. Nationalarchiv Washington, D.C. Datenbank: *Ancestry.com* (http://www.ancestry.com – zuletzt aufgerufen am 27.04.2023), Einträge für Franz T. [J.] Nadler, Alter 39 Jahre; Anton Reindel [Reinl], Alter 30 Jahre; Joseph Fischer, Alter 30 Jahre; Ankunft Ankunft New York Castle Gardens, 31. November 1855 mit dem Schiff *Meta*.

Kapitel 4

Zusammenfassung der Ergebnisse

Die für dieses Buch durchgeführte Datenerhebung zur Auswanderung aus dem Raum Marienbad/Tepl ins Calumet County (Wisconsin/USA) hat eine große Zahl von Auswanderern identifizieren können: Insgesamt 570 Personen werden greifbar, von denen 248 aus dem „Kernbereich" der Untersuchung stammten, nämlich aus den fünf Gemeinden Habakladrau (Ovesné Kladruby), Pistau (Pistov), Einsiedl (Mnichov), Tepl (Teplá) und Rojau (Rájov).

Die Grenzen der Untersuchung

Für diese Studie sind – sofern verfügbar – Geburts- und Taufvermerke aus den Kirchenbüchern der Marienbader Gegend herangezogen worden, um die Herkunft der einzelnen Einwanderer festzustellen. Allerdings können diese Quellen Ungenauigkeiten enthalten oder irreführend sein. Beispielsweise war es damals nicht unüblich, dass werdende Mütter kurz vor der Niederkunft in das Haus ihrer eigenen Mutter zurückkehrten, um dort ihr Kind zur Welt zu bringen. Der Geburts- und/oder Taufvermerk für das Neugeborene findet sich dann also im Kirchenbuch der Gemeinde, in der die Großmutter wohnte.

Auch kommt es vor, dass gewisse Unterlagen nicht online verfügbar sind: Unter Umständen sind einzelne Kirchenbücher verloren gegangen – oder sie sind erhalten, wurden aber noch nicht digitalisiert. In manchen Fällen verhindern tschechische Datenschutz-Gesetze die Herausgabe von Unterlagen. Unter solchen Umständen war es notwendig, amerikanische Unterlagen als Belege heranzuziehen, um die Herkunftsorte der Einwanderer festzustellen. Die Angaben aus den Unterlagen ihrer Verwandten konnten hierzu weitere Indizien liefern. In den meisten Fällen ist es allerdings möglich gewesen, die originalen Geburts- und/oder Taufvermerke der Auswanderer ausfindig zu machen.

Bei der Datenerhebung sind auch Einwanderer berücksichtigt worden, die nach ihrer Ankunft in Wisconsin weiter nach Westen gezogen sind, um in anderen US-Bundestaaten und -Territorien wie etwa Iowa, Minnesota oder dem Dakota-Territorium Land zu erwerben. Im Sinne dieser Studie war nur entscheidend, dass ihr erstes Ziel nach der Einwanderung in die Vereinigten Staaten Wisconsin gewesen war.

Einige Personen tauchen in der Liste zweimal auf, weil ihre Ehepartner starben und sie dann noch einmal heirateten. Dies wird durch ein Sternchen (*) angezeigt. Ihr Name findet sich also zweimal; gezählt wurden sie jedoch nur einmal. Ein paar wenige Einwanderer kehrten auch noch einmal nach Europa zurück und reisten dann erneut in die Vereinigten Staaten ein. Dies wird durch zwei Sternchen (**) vor ihrem Namen angezeigt. Auch diese Personen sind zweimal aufgeführt – einmal für jede Einreise –, zählen jedoch in der Statistik nur einfach.

Datengrundlage und Quellen

Zu den Dokumenten, die Informationen über Einwanderer in die Vereinigten Staaten enthalten, gehören unter anderem die folgenden Bestände: Akten der US-Behörde *Immigration and Naturalization Service* (INS, „Amt für Einwanderung und Einbürgerung"); die Unterlagen der landesweiten Volkszählungen von 1860, 1870 und 1880; Grundbücher und Steuerunterlagen; Nachrufe in Zeitungen sowie lokale Familiengeschichten. Die genauen Verweise auf einzelne Quellenbestände sowie Links zu den vorhandenen Einträgen für einzelne Einwanderer finden sich in einer Datenbank unter https://www.germanbohemian-wisconsin.com/.

Die Geburts- bzw. Tauf- oder Heiratseinträge für Einzelpersonen lassen sich durch diese Datenbank aufrufen, indem man auf der Profilseite der entsprechenden Person den Link http://www.portafontium.eu/contents/register/soap-pn-cirkev-rimskokatolicka anklickt. Informationen zum Begräbnis einer Person erhält man durch einen Klick auf den Link zu https://www.findagrave.com/. Alle verwendeten Quellen sind in der Datenbank vollständig nachgewiesen.

Verteilung der Auswanderer nach Kirchsprengeln

Insgesamt wurden 248 namentlich bekannte Auswanderer in den fünf „Kerngemeinden" geboren und/oder getauft. In der nachfolgenden Tabelle ist die Verteilung der Gesamtzahl auf die einzelnen Gemeinden dargestellt. Die gerundete Prozentzahl entspricht dem „Beitrag" der jeweiligen Gemeinde zur Gesamtzahl der Auswanderer:

Verteilung der Auswanderer in der Datenerhebung nach Kirchsprengel

Kirchsprengel	Anzahl der Auswanderer	Anteil an der Gesamtzahl
Rojau (auch: Royau) / Rájov	77	31%
Habakladrau / Ovesné Kladruby	70	28%
Einsiedl / Mnichov	57	23%
Tepl Stadt / Teplá Město	30	12%
Pistau / Pistov	14	6%
Total	**248**	**100%**

Die insgesamt 248 Personen, die aus den fünf genauer untersuchten Gemeinden auswanderten, machten zusammen 44 % aller namentlich identifizierten Auswanderer aus. In der folgenden Tabelle sind die Auswanderer noch einmal genauer aufgeteilt, indem neben den Kirchsprengeln gegebenenfalls noch die einzelnen Dörfer angegeben sind, aus denen sich diese zusammensetzten.

Verteilung der Auswanderer in der Datenerhebung nach Kirchsprengel und Dorf

Kirchsprengel	Auswanderer Kirchsprengel	Einzeldorf	Auswanderer Einzeldorf	Anteil an der Auswandererzahl des Kirchsprengels
Rojau / Rájov	77			
		Rojau / Rájov	77	100 %

Kirchsprengel	Auswanderer Kirchsprengel	Einzeldorf	Auswanderer Einzeldorf	Anteil an der Auswandererzahl des Kirchsprengels
Habakladrau / Ovesné Kladruby	70			
		Abaschin / Závišín	8	11 %
		Habakladrau / Ovesné Kladruby	37	53 %
		Hohendorf / Zádub	1	1 %
		Müllestau / Milhostov	5	7 %
		Wischezahn / Vysočany)	12	17 %
		Wischkowitz / Výškovice	7	10 %
Einsiedl / Mnichov	57			
		Einsiedl / Mnichov	33	58 %
		Kschiha / Čihaná	15	26 %
		Pfaffengrün / Popovice	1	2 %
		Rauschenbach / Sítiny	8	14 %
Tepl Stadt / Teplá Mesto	30			
		Böhmisch Borau / Beranov	1	3 %
		Enkengrün / Jankovice	9	30 %
		Lusading / Sluzetin	7	23 %
		Pauten / Poutnov	4	13 %
		Pobitz / Babice	2	7 %
		Tepl Stadt/ Teplá Mesto	7	23 %

Kirchsprengel	Auswanderer Kirchsprengel	Einzeldorf	Auswanderer Einzeldorf	Anteil an der Auswandererzahl des Kirchsprengels
Pistau / Pistov	14			
		Martinau / Martinov	8	57 %
		Wilkowitz / Vlkovice	6	43 %
gesamt	248		248	

Im Zuge der Nachforschungen konnten noch 322 weitere Auswanderer aus anderen Gemeinden im Raum Marienbad/Tepl ausfindig gemacht werden, die in der obigen Tabelle noch nicht erfasst sind. In der folgenden Tabelle sind die 48 Dörfer bzw. Gemeinden aufgeführt, aus denen diese Auswanderer stammten.

Verteilung der Auswanderer auf die weiteren Dörfer und Gemeinden

Name der Gemeinde bzw. des Dorfes	Anzahl der Auswanderer
Tachauer bzw. Albersdörfer Brand / Milíře	6
Auherzen / Úherce	11
Auschowitz / Úšovice	4
Bleistadt / Oloví	3
Maria Kulm / Chlum Svaté Maří	27
Chodau / Chodov	7
Donawitz / Stanovice	2
Elbogen / Loket	2
Falkenau / Sokolov	1

Name der Gemeinde bzw. des Dorfes	Anzahl der Auswanderer
Frohnau / Vranov	7
Girsch / Krsy	7
Gossengrün / Krajková	1
Graslitz / Kraslice	13
Habersbirk / Habartov	1
Heiligenkreuz / Chodský Újezd	6
Hohen-Zetlisch / Vysoké Sedliště	18
Kapsch / Skapce	2
Kirchenbirk / Kosteini Briza	5
Königsberg a. d. Eger / Kynšperk nad Ohří	2
Kosolup / Kozolupy	8
Kostelzen / Kostelec	7
Kumerau / Komárov	2
Landek / Otročín	2
Lanz / Lomnice	5
Leskau / Lestkov	18
Lobs / Lobzy	6
Marienbad / Mariánské Lázně	9
Neudek / Nejdek	1
Neudorf / Nová Ves	13
Neudorf / Trstěnice	4
Ober Kozolup / Horní Kozolupy	8
Ober-Sekerschan / Horní Sekyřany	2
Ottenreuth / Otín	15
Pfraumberg / Přimda	6
Pilsen / Plzeň	1
Prostibor / Prostiboř	4
Punnau / Boněnov	4
Sankt Adalbert / Svatý Vojěch	19
Schönwald / Lesná	6
Tachau / Tachov	6
Tepl Stift / Teplá Klaster	3
Theusing / Toužim	8
Trinkseifen / Rudné	7

Name der Gemeinde bzw. des Dorfes	Anzahl der Auswanderer
Tschernoschin / Černošín	2
Tutz / Dubec	18
Unter-Jamny / Dolní Jamné	1
Welperschitz / Erpužice	9
Witschin / Vidžín	3
Total	**322**

Die 322 Auswanderer aus diesen zusätzlichen Gemeinden machten 56 % der insgesamt erfassten Auswanderer nach Wisconsin aus.

Zusammenfassung der Ergebnisse

Die Auswanderungswelle aus der Gegend von Tepl und Marienbad im westlichen Böhmen nach Calumet County in Wisconsin (USA) begann Anfang der 1850er-Jahre. Die deutschböhmischen Siedler ließen sich zunächst in der heutigen Stadt Charlesburg und ihrer Umgebung, der Town of Brothertown, nieder und breiteten sich dann im ganzen Calumet County aus. Die Auswertung der erhobenen Daten hat Folgendes ergeben:

- 44 % der identifizierten Auswanderer stammten aus den fünf Gemeinden, die im Fokus der Untersuchung stehen.
- 56 % der Auswanderer stammten aus einer Vielzahl weiterer Gemeinden in der Gegend von Marienbad und Tepl.

Ausblick auf weitere Forschung

- Weitere Geburts- und/oder Taufeinträge aus den tschechischen Archiven sollen online oder vor Ort ausfindig gemacht werden.
- Die ursprüngliche Auswertung zur Einwanderung in das Calumet County soll um die 48 Gemeinden im Raum Tepl/Marienbad erweitert werden, die bislang nicht genauer berücksichtigt wurden.
- Entsprechend soll auch die Materialsammlung in Teil II dieses Buches erweitert und ergänzt werden.

Zusammenfassung

Viele Nachfahren der deutschböhmischen Siedler im Calumet County in Wisconsin glauben – wie meine Familie –, dass ihre Vorfahren „aus Deutschland" gekommen seien. So erzählte man sich das, und so wurde es weitererzählt. Tatsächlich haben unsere Vorfahren Deutsch gesprochen – aber Deutschland als Staat gibt es ohnehin erst seit 1871, und als Böhmen waren sie ohnehin Untertanen des österreichischen Kaisers. Durch die Digitalisierung von Quellenmaterial ist es sehr viel einfacher geworden, etwa Tauf- oder Ehevermerke aus den Kirchenbüchern der böhmischen Dörfer zu recherchieren und so mehr über seine Vorfahren herauszufinden. Die hier zusammengestellten Ergebnisse zur deutschböhmischen Einwanderung nach Wisconsin sollen den Nachfahren der Siedler von Calumet County zugänglich gemacht werden, deren familiäre Wurzeln in der Gegend von Tepl und Marienbad liegen. Manch eine Familien- oder Lokalgeschichte wird vor dem Hintergrund dieser Ergebnisse vielleicht ergänzt oder sogar umgeschrieben werden müssen.

Ortsangaben und Abkürzungen

US-Bundesstaaten, in denen die Siedler begraben wurden, und Kanada (mit Angabe der Countys bei den am häufigsten vertretenen US-Bundesstaaten)

California s. Kalifornien

Iowa-Delaware = IA-D
Iowa-Harrison = IA-HR
Iowa-Palo Alto = IA-PA
Iowa-Shelby = IA-S
Iowa-Story = IA-St

Illinois = IL

Indiana = IN

Kalifornien = CA

Kansas = KS

Massachusetts = MA

Missouri = MO

Minnesota-Benton = MN-Be
Minnesota-Brown = MN-B
Minnesota-Cottonwood = MN-C
Minnesota-Hubbard = MN-H
Minnesota-Nicollet = MN-N
Minnesota-Ramsey = MN-RA
Minnesota-Redwood = MN-RW
Minnesota-Renville = MN-RN
Minnesota-Rice = MN-R
Minnesota-Stearns = MN-S
Minnesota-Traverse = MN-TR
Minnesota-Wilkin = MN-WL

Nebraska = NE

North Dakota = ND

New Jersey = NJ

New York = NY

Ohio = OH

Oregon = OR

Pennsylvania = PA

South Dakota = SD

Washington = WA

Wisconsin-Barron = WI-B
Wisconsin-Brown = WI-BR
Wisconsin-Calumet = WI-C
Wisconsin-Clark = WI-Cl
Wisconsin-Dodge = WI-D
Wisconsin-Door = WI-DR
Wisconsin-Fond du Lac = WI-FDL
Wisconsin-Jackson = WI-J
Wisconsin-Manitowoc = WI-Mw
Wisconsin-Marathon = WI-Mar
Wisconsin-Milwaukee = WI-M
Wisconsin-Outagamie = WI-O
Wisconsin-Ozaukee = WI-OZ
Wisconsin-Racine = WI-R
Wisconsin-Shawano = WI-SH
Wisconsin-Sheboygan = WI-S
Wisconsin-Washington = WI-WA
Wisconsin-Winnebago = WI-WIN
Wisconsin-Wood = WI-W

Canada = CAN

Verwendete Symbole und
* = Zweitheirat
** = erneute Einreise in die USA

Dokumententypen:
T = Taufvermerk bzw. Taufschein
E = Ehevermerk bzw. Eheurkunde
z. pr. = zu prüfen

Die Auswanderungswelle ab etwa 1850 aus der Tepler Herrschaft und dem Marienbader Umland ins Calumet County (Wisconsin/USA)
– Daten zur Studie –

Datum der Ankunft in Amerika	Name	Geburts-/Taufdatum	Haus-nummer	Ehemann/-frau	Sterbedatum	Begraben in	Dokumente
KIRCHSPIEL – Einsiedl / Mnichov							
Einsiedl / Mnichov							
31. Januar 1837	Zitterbart, Fidelis	20. April 1804	002	Frederica Olnhausen	1887	PA	T
13. September 1852	Zitterbart, Louis	9. Januar 1838	030	Philomina Keller	6. August 1899	PA	T
29. Oktober 1853	Utschig, Johann	29. Dezember 1799	008	Maria Elisabeth Schicker			T
November 1853	Schurwon, Toletta	13. Juni 1812	107	Rochus Zitterbart	1895		T
November 1853	Zitterbart, Anna	2. Januar 1848	018		1929		T
November 1853	Zitterbart, Catherine	19. Juli 1850	100				T
November 1853	Zitterbart, Rochus	18. Juli 1810	002	Toletta Schurwon	13. Januar 1894	PA	T
30. Juli 1855	Christl, Amalia	6. April 1819	016	Norbert Christoph Christl	1. November 1902	WI-Mw	T
30. Juli 1855	Christl, Adolph	4. Januar 1850	127		30. Januar 1882		T
30. Juli 1855	Christl, Augusta	3. Oktober 1840	127	Peter Hartman	6. April 1915	WI-Mw	T
30. Juli 1855	Christl, Ernestine	21. März 1832	016	Joseph Loeb	vor 1900		T
30. Juli 1855	Christl, Johann	10. August 1843	127		12. Juni 1886		T
30. Juli 1855	Christl, Karl B.	8. Mai 1847	127		8. Dezember 1924	WI-M	T
30. Juli 1855	Christl, Louis Melchoir	5. Januar 1855	127		27. April 1929	MN-Be	T
30. Juli 1855	Christl, Norbert Christoph	25. Juli 1811	127	Maria Anna Amalia Ziedler	1. April 1897	WI-Mw	T
30. Juli 1855	*Christl, Norbert Christoph	25. Juli 1811	127	Amalia Christel	1. April 1897	WI-Mw	T
30. Juli 1855	Christl, Richard F.	7. Februar 1842	127		23. März 1925	WI-Mw	T
30. Juli 1855	Christl, Theodore Isador F.	28. Februar 1845	127		23. November 1937	MN-Be	T
30. Juli 1855	Christl, Wendel	9. Dezember 1851	127		2. November 1922	WI-Mw	T
30. Juli 1855	Groeschl, Anna	3. August 1851	109		3. Juli 1890	WI-C	T

30. Juli 1855	Groeschl, Franziska	9. Juni 1854	107		12. Juni 1873	WI-C	T
30. Juli 1855	Groeschl, Johann	20. Juni 1823	109	Thekla Zucker	9. Januar 1923	IA-St	T
30. Juli 1855	Treml, Ludmilla	27. Januar 1832	081		1. April 1911	WI-C	T
30. Juli 1855	Utschig, Albert	21. Oktober 1830	030	Anna Klapperich	5. April 1903	WI-FDL	T
30. Juli 1855	Utschig, August	19. Mai 1828	030	Catharine Nett	17. Januar 1899	WI-C	T
30. Juli 1855	Zucker, Thekla	5. August 1826	048	Johann Groeschl	12. März 1867	WI-Mw	z. pr.
1. September 1855	Loeb, Joseph	1. Januar 1827		Ernestine Christl	30. September 1860	WI-Mw	z. pr.
vor 1860	Christl, Maria			Peter Hartman	1867		T
30. August 1867	Christl, Veronica	26. November 1864	006		4. April 1868	WI-Mw	T
30. August 1867	Christl, Wilhelm	21. Dezember 1865	030				
30. August 1867	Rudrich, Theresia	20. September 1840	076	Joseph Christl	25. August 1923	WI-C	T
um 1869	Groeschl, Theresia	7. Februar 1848	109	Anton Broeckel	27. Mai 1946	MN-S	T
um 1889	Pimpl, Karl	25. März 1879			15. September 1961	MN-S	z. pr.
um 1889	Pimpl, Wendelin	26. Oktober 1884					
Kschiha / Čihaná							
31. August 1855	Leitner, Elizabeth	21. März 1837	36	Frank Wettstein	10. März 1905	WI-C	T
1. September 1855	Leitner, Engelbert	8. Oktober 1836	15	Theresa Nadler	24. März 1916	WI-C	T
1. September 1855	Neubauer, Anna	25. Mai 1855	32				
1. September 1855	Neubauer, Raymond	16. September 1821	23	Theresia Lodes	2. Juni 1885	WI-C	T
1. September 1855	Neubauer, Teresia	30. August 1852	32		28. Mai 1866	WI-FDL	T
21. August 1856	David, Anton	2. Februar 1855	28		27. April 1914	WI-Cl	T
21. August 1856	David, Michael	3. Oktober 1849	28		29. Oktober 1923	WI-C	T
21. August 1856	David, Wenzel	6. Juli 1819	35	Theresia Pichl	23. Dezember 1910	WI-C	T
21. August 1856	*David, Wenzel	6. Juli 1819	35	Chatrina Bauer	23. Dezember 1910	WI-C	T
21. August 1856	Egerer, Anna Maria	2. September 1803	22	Franz Anton Lenz	1879		
21. August 1856	*Egerer, Anna Maria	2. September 1803	22	Norbert Kutzer	1879		
21. August 1856	Hammer, Frank Joseph	15. September 1831	07	Franziska Schreck	1. Juli 1896		T
21. August 1856	Pichl, Theresia	10. September 1814	15	Wenzel David	vor 1860	WI-C	T
21. August 1856	*Pichl, Theresia	10. September 1814	15	Norbert Leitner	vor 1860		T
vor 1864	Schmidt, Elizabeth	27. Januar 1845	31	Ferdinand Schott	1914	WI-C	T

15. August 1867	Hammer, Franziska	6. Juli 1837	07	Wendelin Miller	vor 1880		T
23. Mai 1870	David, Raimund	1. Dezember 1814	20	Anna Niemochl			T
23. Mai 1870	Lenz, Wenzel	3. Juni 1808	18	Barbara Hacker	16. September 1897	W1-C	T

Pfaffengrün / Popovice

25. August 1906	Korn, Anton	27. März 1880	08				T

Rauschenbach / Sítiny

14. September 1854	Nadler, Katharina	6. November 1816	26	Anton Pimpl	7. Mai 1891	W1-M	T
vor 1864	Schmidt, John	5. März 1802	12	Franziska Wurtinger	15. Oktober 1879	W1-Mw	T
vor 1864	Wurtinger, Franziska	14. Februar 1815	29	John Schmidt	26. April 1891	W1-Mw	T
23. Mai 1870	David, Engelbert	15. Mai 1844	16		1. März 1899	MO	T
23. Mai 1870	David, Siard	25. Juli 1853	16		2. Dezember 1906	MO	T
23. Mai 1870	David, Stephan	21. März 1847	16		1. Oktober 1902	MO	T
23. Mai 1870	David, Wendelin	1. Dezember 1848	16		5. Januar 1903	MO	T
23. Mai 1870	Niemochl, Anna	28. Juni 1821	16	Raimund David			

KIRCHSPIEL – Habakladrau / Ovesné Kladruby

Abaschin / Závišín

31. August 1855	Broeckel, Anton	3. Dezember 1845	02	Theresia Groeschl	12. November 1895	W1-C	T
31. August 1855	Denk, Anna Marie	21. Januar 1821	20	Anton Reinl	28. März 1894	W1-C	T
31. August 1855	Reinl, Anna	15. Januar 1854	02	Frank Joseph Nadler	13. Mai 1937	W1-C	T
31. August 1855	Reinl, Anna Mary	20. Dezember 1841	20		7. April 1921	SD	T
31. August 1855	Reinl, Anton	9. Februar 1819	03	Anna Marie Denk	18. November 1893	W1-C	T
31. August 1855	Reinl, Elisabeth	23. Januar 1846	04	Anton Turba	16. Juli 1923	W1-C	T
31. August 1855	Reinl, Franz Joseph	11. Juli 1848	02	Katharina Lerch	21. April 1926	W1-S	T
31. August 1855	Reinl, Franziska	11. September 1851	02	Peter Keuler	6. September 1929	W1-C	T

Habakladrau / Ovesne Kladruby							
1. September 1855	Lodes, Anna	14. November 1804	24	Joseph Anton Rummer	21. Mai 1881		T
1. September 1855	Rummer, Joseph Anton	5. Februar 1807	07	Anna Lodes	27. Oktober 1895		T
1. September 1855	Rummer, Margaretha	10. Mai 1842	68	Maximilian Hiederer	22. Dezember 1925	WI-C	T
1. September 1855	Rummer, Maria	1. November 1843	68	Peter Lotzer	19. Dezember 1872	WI-C	T
1. September 1855	Rummer, Theresia	20. Mai 1846	68	Anton Kocher	11. Januar 1937	WI-C	T
6. August 1856	Pop, Katharina	10. November 1788	33	Raimund Steiner			z. pr.
21. August 1856	Neubauer, Michael	24. März 1824	31				T
21. August 1856	Pop, Ferdinand	16. Februar 1840		Anna Kiesner	8. Januar 1923	WI-C	T
21. August 1856	Pop, John	20. Juni 1816	33	Katharina Weber	26. Mai 1892	WI-C	T
21. August 1856	Pop, Joseph	30. Dezember 1841	33		2. Februar 1903	WI-C	T
21. August 1856	Pop, Theresa	3. Mai 1844	33	Ferdinand Lodes	30. Oktober 1921	WI-C	T
21. August 1856	Rosner, Albert	10. Juli 1802	25	Anna Maria Turba			T
21. August 1856	Rosner, Engelbert	2. März 1838	25				T
21. August 1856	Schneider, Theresa	27. März 1809	30	Michael Turba	8. August 1893	WI-C	T
21. August 1856	Turba, Anton	27. November 1834	08	Elisabeth Reinl	8. Dezember 1922	WI-C	T
21. August 1856	Turba, Frances	20. Dezember 1842	08		30. Oktober 1925	WI-C	T
21. August 1856	Turba, Mary Anna Theresa	16. Februar 1846	08	Joseph Michael Gubka	20. Januar 1919	SD	T
21. August 1856	Turba, Michael	5. September 1807	08	Theresa Schneider	14. September 1896	WI-C	T
21. August 1856	Turba, Theresa	26. April 1837	08		17. September 1923	WI-C	T
27. September 1856	Hanika, Herman Joseph	12. Juli 1829	32	Catherine Loesch	12. Mai 1927	NE	T
18. Juni 1868	Kogerer, Fransiska	1. Dezember 1825	59	Joseph Rott	5. Juli 1891	WI-C	T
18. Juni 1868	Rott, Anton	22. Mai 1863	59	Anna Maria Wettstein	17. Juni 1940	WI-C	T
18. Juni 1868	*Rott, Anton	22. Mai 1863	59	Theresa Wettstein	17. Juni 1940	WI-C	T
18. Juni 1868	Rott, Franz Josef	27. Januar 1857	59	Elizabeth Kuehml	13. August 1913	WI-C	T
18. Juni 1868	Rott, Joseph	6. Januar 1813	07	Fransiska Kogerer	1. Januar 1888	WI-C	T
12. Juni 1873	Lodes, Margaret Mary	28. Oktober 1871			11. Dezember 1958	IA-PA	T
30. Dezember 1874	Lodes, Franz Josef	1. Oktober 1872	36	Engelbert Miller	19. Februar 1952	WI-C	T
30. Dezember 1874	Lodes, Theresa	19. Januar 1866	36	Anna Maria Wurdinger			T
30. Dezember 1874	Lodes, Wenzel	2. März 1807	24	Anna Schusser	5. Dezember 1890	WI-C	T
30. Dezember 1874	*Lodes, Wenzel	2. März 1807	24		5. Dezember 1890	WI-C	T

30. Dezember 1874	Schusser, Anna	28. Juli 1815	51	Wenzel Lodes	15. August 1888	WI-C	T
Oktober 1911	Hammer, Aegidius	3. März 1902			1. Juni 1944	WI-C	z. pr.
Oktober 1911	Hammer, John	26. November 1903			19. Januar 1989	CA	z. pr.
Oktober 1911	Hammer, Mary	26. April 1907			7. Juni 1986	WI-S	z. pr.
Oktober 1911	Hammer, Richard	15. Juli 1910			7. August 1989	WI-C	z. pr.
Oktober 1911	Kogerer, Albina	10. Mai 1873	55	Michael Hammer	14. Dezember 1961	WI-C	T
26. August 1913	Degl, Frank	11. September 1891	61		8. Oktober 1956		T
vor 1954	Rott, Theresia	8. Juli 1926			Dezember 2006	NY	z. pr.
vor 1989	Steidl, Albert	27. Oktober 1917	67		5. August 1989		T
Hohendorf / Zádub							
um 1882	Schusser, Joseph	8. Oktober 1873	25		13. November 1939	WI-C	z. pr.
Müllestau / Milhostov							
um 1855	Wurtinger, Katharina	25. Februar 1814	13	Raimund Pimpl	22. März 1895	IA-S	T
18. Juni 1889	Windirsch, Mary	13. September 1845	01	Mathias Joseph Windirsch	21. September 1910	WI-C	T
18. Juni 1889	Windirsch, Mathias Joseph	20. November 1840	06	Mary Windirsch	November 1923	WI-C	T
18. Juni 1889	Windirsch, Therese	17. Oktober 1867	01	Jacob Hansen	27. Juni 1940	WI-C	z. pr.
um 1894	Huttl, Franz Josef	13. Januar 1860	05	Maria Denk			E
Wischezahn / Vysočany							
6. August 1856	Schmidt, Franz J.	15. April 1853	15				T
6. August 1856	Schmidt, Henry Englebert	14. Dezember 1844		Frances Barbara Johnson	14. April 1929	WA	z. pr.
6. August 1856	Steiner, Adalbert	20. Oktober 1815	15	Maria Anna Gintner	30. November 1906	WI-C	T
6. August 1856	Steiner, Anton	4. November 1842	10	Magdalena Bonlander	11. Juli 1909	WI-C	T
6. August 1856	Steiner, Frank Joseph	25. Oktober 1851	10	Gertrude Franzen	30. Mai 1902	WI-C	T
6. August 1856	Steiner, Raimund	7. Oktober 1789	15	Katharina Pop	16. September 1867	WI-FDL	T
6. August 1856	Steiner, Teresa	8. September 1848	10	John Daun	7. Januar 1918	WI-C	T
Juni 1869	Zepnick, Wenzel	24. Oktober 1864	04		1937	WI-O	z. pr.

12. Juni 1873	Lodes, Anton Frederick	26. Dezember 1866	14	Anna S. Casper	1940	WI-WA	T
12. Juni 1873	*Lodes, Anton Frederick	26. Dezember 1866	14	Mabel M. Groff	1940	WI-WA	T
12. Juni 1873	Lodes, Frank Josef	30. Mai 1869			18. Februar 1930	CA	z. pr.
12. Juni 1873	Steiner, Anna	18. Juni 1846	14	Wenzel Lodes	25. November 1899	IA-PA	T
18. April 1955	Arbes, Eleonore	22. April 1921	13	Kurt G. Eisen	25. August 2005	MN-B	z. pr.

Wischowitz / Výškovice

6. August 1856	Gintner, Maria Anna	3. Dezember 1820	15	Adalbert Steiner	22. März 1889	WI-C	T
7. August 1867	Nadler, Andreas	16. November 1832	12	Theresia Buchtinger	29. August 1913	WI-C	T
7. August 1867	Nadler, Josepha Sophia	8. April 1859			29. Juli 1939	WI-C	z. pr.
7. August 1867	Nadler, Theresia	22. Juni 1861			16. März 1887	WI-C	z. pr.
18. Juni 1868	Gintner, Frances Maria	25. September 1829	15	Herman Muller	27. Januar 1906	WI-C	T
18. Juni 1868	*Gintner, Frances Maria	25. September 1829	15	George Apfelbacher	27. Januar 1906	WI-C	T
Juni 1869	Zepnick, Anna	28. April 1862	04		29. September 1936	WI-OZ	z. pr.
Juni 1869	Zepnick, Franziska	23. März 1866	04		20. März 1928	WI-C	z. pr.

KIRCHSPIEL – Pistau / Pistov

Martinau / Martinov

6. August 1856	Hiederer, Anna	23. November 1836	03	Bartholmaeus Roeder	19. März 1922	WI-C	T
6. August 1856	Hiederer, Elisabeth	21. November 1845	03				T
6. August 1856	Hiederer, John Anton	6. Mai 1852	03				T
6. August 1856	Hiederer, Joseph Anton	8. November 1796	03	Anna Maria Pfrogler	20. Januar 1929	OR	T
6. August 1856	Hiederer, Katerina	28. Oktober 1794	03		1871		T
6. August 1856	Hiederer, Maximilian	21. April 1834	01	Margaretha Rummer	7. März 1913	WI-C	T
6. August 1856	Hiederer, Theresia	5. November 1839	03	Jacob Kloetsch	12. Mai 1894	OR	T
6. August 1856	Pfrogler, Anna Maria	18. November 1809	01	Joseph Anton Hiederer	Sep 1894		T

Wilkowitz / Vlkovice							z. pr.
1. September 1855	Schmiedl, Frances	1807		Lawrence Schott	nach 1880		T
1. September 1855	Schott, Englebert	5. November 1844	22	Elizabeth Louise Neighbert	20. Januar 1905	OR	T
1. September 1855	Schott, Ferdinand	4. Januar 1841	22	Elizabeth Schmidt	1915	WI-C	T
1. September 1855	Schott, Lawrence	19. November 1802	12	Katharina Watzka			T
1. September 1855	*Schott, Lawrence	19. November 1802	12	Frances Schmiedl			T
6. August 1856	Schmidt, Elisabeth	18. Oktober 1836	18	Theodore W. Thommes	7. Juni 1917	MN-R	T
18. Juni 1868	Schicker, Anton	10. Juni 1808	07	Theresia Heidl	1885	WI-C	T

KIRCHSPIEL – Royau / Rájov							
Royau / Rájov							
um 1854	Rahmer, Franziska	14. August 1827	34	Raimund Egerer	2. Oktober 1914	WI-C	T
14. September 1854	Egerer, Raimund	3. Juli 1826	13	Franziska Rahmer	1. November 1899	WI-C	T
14. September 1854	Fischbach, Barbara Anna	13. April 1823	23	Raymond Lenz	18. Oktober 1886	SD	T
14. September 1854	Hammer, Marie Anna	6. April 1815	08	Raymund Lodes	22. März 1887	WI-C	T
14. September 1854	Lenz, Anna	20. April 1848	46	Jacob Klapperich	11. Mai 1942	SD	T
14. September 1854	Lenz, Franz Josef	24. Dezember 1851	46		1854		T
14. September 1854	Lenz, Raymond	5. Dezember 1823	08	Barbora Anna Fischbach	25. Dezember 1911	SD	T
14. September 1854	Lodes, Anna	17. Mai 1851	08	Balthasar Pimpl	2. Februar 1940	WI-D	T
14. September 1854	Lodes, Ferdinand	20. Mai 1842	08	Theresa Pop	21. Juni 1907	WI-C	T
14. September 1854	Lodes, Francesca	19. Februar 1844	19		24. Mai 1920	WI-FDL	T
14. September 1854	Lodes, Mary Paschalis	14. August 1847	08		7. Februar 1879	IL	T
14. September 1854	Lodes, Raymund	30. Oktober 1814	19	Marie Anna Hammer	28. September 1885	WI-C	T
14. September 1854	Lodes, Theresia	8. Dezember 1837	08	August Nisler	13. September 1902	WI-C	T
14. September 1854	Pimpl, Anton	11. Juni 1809	03	Katharina Nadler	21. Juni 1871	WI-M	T
14. September 1854	Pimpl, Balthasar	4. Januar 1848	03	Anna Lodes	16. August 1919	WI-D	T
14. September 1854	Pimpl, Ferdinand	1. Oktober 1811	72				T
14. September 1854	Pimpl, Ferdinand	14. August 1843	03	Louise Boehm	19. Juni 1913	WI-M	T
14. September 1854	Pimpl, Margaretha	7. Februar 1851	03				T

14. September 1854	Pimpl, Wendelin	26. Juni 1838	03		1892	WI-D	T
um 1855	Pimpl, Anna	14. April 1843	72	Lambert Hoffman	21. September 1916	IA-S	T
um 1855	Pimpl, Anton	12. Januar 1846	72		27. Dezember 1866	WI-FDL	T
um 1855	Pimpl, Mauriz	16. Oktober 1850	72		2. Juli 1924	IA-S	T
um 1855	Pimpl, Theresia	29. September 1849	72				T
um 1855	Pimpl, Wendelin	23. Juli 1852	72	Theresa Isoff	13. Oktober 1946	WI-B	T
Juli 1855	Pimpl, Raimund	5. Dezember 1814	72	Katharina Wurtinger	21. Oktober 1875	IA-S	T
Juli 1855	*Pimpl, Raimund	5. Dezember 1814	72	Teresia Pimpl	21. Oktober 1875	IA-S	T
31. August 1855	Egerer, Theresia	25. November 1829	37	Bernhard Seichter	18. Oktober 1905	WI-C	T
31. August 1855	Fischer, Engelbert	3. März 1853	27				T
31. August 1855	Fischer, Ferdinand	6. August 1848	27	Theresa Lenz	1920	WI-C	T
31. August 1855	Fischer, Joseph	6. März 1825	08	Maria Anna Nadler	nach 1900	WI-C	T
31. August 1855	Kutzer, Anton	3. Januar 1835	46	Elizabeth Faulk	3. Juni 1900	ND	T
31. August 1855	Kutzer, Barbara	23. Januar 1840	46				T
31. August 1855	Nadler, Frank Joseph	15. August 1853	70	Anna Reinl	29. September 1934	WI-C	T
31. August 1855	Nadler, Franz Joseph	15. Oktober 1816	66	Anna Reinl	20. November 1894	WI-C	T
31. August 1855	Nadler, Johann	27. Februar 1851	55		11. Juni 1862	WI-FDL	T
31. August 1855	Nadler, Maria Anna	23. Februar 1819	66	Joseph Fischer	9. Juni 1903	WI-C	T
31. August 1855	Schierl, Franziska	10. März 1835	25	John Peter Kriescher	1871		T
1. September 1855	Leitner, Ann	22. Mai 1851	52		1. Februar 1924	WI-C	T
1. September 1855	Leitner, Frank	15. Oktober 1853	52	Christine Wick	15. Dezember 1910	WI-C	T
1. September 1855	Leitner, Theresa	13. November 1828	52	Engelbert Popp		WI-C	T
1. September 1855	Leitner, Wenzel	5. Oktober 1821	52	Barbora Popp	28. April 1890	WI-C	T
1. September 1855	Leitner, Wilhelmine	1855			vor 1860		z. pr.
1. September 1855	Lodes, Theresia	11. November 1820	19	Raymond Neubauer	2. September 1889	WI-C	T
1. September 1855	Popp, Barbora	8. Oktober 1825	47	Wenzel Leitner	2. April 1899	WI-C	T
1. September 1855	*Popp, Barbora	8. Oktober 1825	47		2. April 1899	WI-C	T
1. September 1855	Popp, Engelbert	21. Juli 1830	06	Theresa Leitner	28. April 1890	WI-C	T
1. September 1855	Popp, Theresa	21. Oktober 1843	06				T
um 1856	Lodes, Barbara	26. Dezember 1838	67				T
um 1856	Lenz, Engelbart	5. Februar 1813	40	Franziska Schierl	24. November 1893	WI-C	T
um 1856	Lenz, Ferdinand	8. Januar 1850	67		12. November 1925	WI-C	T

um 1856	Schierl, Franziska	26. April 1812	67	Engelbart Lenz	1877	WI-C	T
um 1856	Schierl, Johann	4. April 1835	67	Rosina Hohnberger	Mai 1929	WI-WINT	T
21. August 1856	Hammer, Engelbert	27. Oktober 1855	36				T
21. August 1856	Kutzer, Anna	5. Januar 1851	04	Carl Wettstein	16. Juni 1923	WI-C	T
21. August 1856	Kutzer, Norbert	26. Juni 1803	04	Anna Maria Egerer	5. April 1894		T
21. August 1856	Leitner, Johann Martin	11. April 1791	52	Margaritha Denk	1868	WI-C	T
21. August 1856	Lenz, Franz Josef	8. Januar 1841	54		1889		T
21. August 1856	Lenz, Theresia	22. Januar 1818	40				T
21. August 1856	Schreck, Franziska	1. März 1835	36	Frank Joseph Hammer	19. März 1917	WI-C	T
21. August 1856	Turba, Anna Maria	16. Juni 1809	68	Albert Rosner		WI-C	T
15. August 1867	Miller, Engelbert	14. Oktober 1862	36	Theresa Lodes	9. Juli 1922	WI-C	T
15. August 1867	Miller, Theresa	8. Februar 1861	36				T
15. August 1867	Miller, Wendall	12. November 1865	32		27. März 1912	WI-C	T
15. August 1867	Miller, Wendelin	10. Juni 1838	32	Anna Lodes	20. Juli 1914	WI-C	T
15. August 1867	*Miller, Wendelin	10. Juni 1838	32	Franziska Hammer	20. Juli 1914	WI-C	T
7. Dezember 1868	Lenz, Theresa	23. Juli 1851	53	Ferdinand Fischer	1934	WI-C	T
7. Dezember 1868	Turba, Anna	15. Dezember 1848	68				T
vor 1870	Lenz, Anton	15. Mai 1849	53				T
23. Mai 1870	David, Moriz	26. Februar 1861	72		20. März 1909	MO	T
23. Mai 1870	David, Theresia	14. September 1858	72		16. Juni 1948	MO	T
23. Mai 1870	Lenz, Lambert	17. September 1853	74		10. September 1889	MN-N	T
23. Mai 1870	Lenz, Raymond	27. März 1844	53		1927	WI-C	T
16. Juni 1870	Lenz, Wenzel	27. September 1846	53				T
um 1882	Cardinal, Theresia	18. Januar 1821	50	Lorenz Zitterbart	6. Mai 1887		T
22. Mai 1882	Rahma, Theresa	25. November 1829	34	Ferdinand Schusser	15. Januar 1883	WI-C	T
22. Mai 1882	Egerer, Franz Anton	15. Dezember 1823	13	Raimund Schierl	11. August 1915	WI-C	T
22. Mai 1882	Egerer, Maria	5. März 1841	13		11. August 1915	WI-C	T
22. Mai 1882	*Egerer, Maria	5. März 1841	13	Josef Meisel		WI-C	T
22. Mai 1882	Schierl, Wendelin	2. Juni 1871	13		19. August 1958	WI-C	T
um 1889	Pimpl, Wendelin	11. Juli 1851	26	Anna Rosch	7. März 1920	MN-S	T
11. November 1908	Pimpl, Johann	15. Juli 1882	08				T

KIRCHSPIEL – Tepl Stadt / Teplá-město						
Böhmisch Borau / Beranov						
21. August 1856	Weber, Katharina	26. Februar 1815	16	John Pop	11. November 1866	WI-FDL T
Enkengrün / Jankovice						
um 1855	Kocherer, Frank Joseph	8. November 1849	18	Josephine Hoffmann	15. Juni 1908	WI-Cl T
um 1855	Kogerer, Franz	25. Juli 1819	18	Margaretha Wanka		T
um 1855	Kogerer, Jacob	1843				z. pr.
um 1855	Kogerer, Josepha	15. April 1836	18			T
um 1855	Kogerer, Josephine	11. März 1854	18			T
um 1855	Kogerer, Theresa	5. Oktober 1847	18			T
um 1855	Wanka, Margaretha	5. Januar 1822	12	Franz Kogerer		T
31. August 1855	Kocher, Anton	14. Dezember 1830	18	Theresia Rummer	15. April 1907	WI-C T
23. Mai 1870	Hohler, Franz Josef	19. März 1822	24	Katharina Egerer		T
Lusading / Služetín						
31. August 1855	Nadler, Theresa	30. Januar 1845	24	Engelbert Leitner	31. Juli 1935	WI-C T
31. August 1855	Reinl, Anna	3. Mai 1819	24	Franz Joseph Nadler	12. März 1891	WI-C T
23. Mai 1870	Egerer, Katharina	24. November 1826	21	Franz Josef Hohler		T
23. Mai 1870	Hohler, Franz	1. Januar 1863	21			T
23. Mai 1870	Hohler, Josef	2. August 1853	21		11. August 1926	MO T
22. Mai 1882	Riedl, Anna	6. Juli 1837	05	Adolph Kuehnl	25. Januar 1914	WI-C T
5. Mai 1953	Weber, Maria	3. Februar 1925	04			z. pr.
Pauten / Poutnov						
21. August 1856	Fischer, Catherine	5. Januar 1839	37	Frank Unger	31. Dezember 1873	NY T
21. August 1856	Fischer, Engelbert	5. Mai 1846	37			T

21. August 1856	Fischer, Vincent	8. Februar 1813	37	Frances Hohler	14. Juli 1890		T
16. Juni 1870	Zitterbart, Lorenz	24. Oktober 1816	05	Theresia Cardinal			T
Pobitz / Babice							
7. Dezember 1868	Lenz, Anna	27. Februar 1840	14				T
23. Mai 1870	Hacker, Barbara	3. März 1817	14	Wenzel Lenz	26. April 1884	Wl-C	T
Tepl Stadt / Teplá-město							
um 1878	Ertl, Barbara	16. August 1863	078		1940	NE	T
um 1883	Ertl, Bertha	7. März 1876	078		19. Juni 1925	NE	T
um 1884	Ertl, Louis Josef	22. August 1871	078		7. November 1960	NE	T
14. November 1895	Ertl, Aloisa	25. Dezember 1878	234				T
vor 1896	Ertl, Joseph	28. September 1839	078	Franziska Kraus	23. Dezember 1896	NE	T
21. April 1900	Ertl, Hedwig	17. Oktober 1877	234				T
21. April 1900	Ertl, Heinrich	26. Juli 1885	234		7. August 1939	NY	T

Verwendete Symbole und Abkürzungen:

* = Zweitheirat

** = erneute Einreise in die Vereinigten Staaten

Dokumententypen:

T = Taufvermerk bzw. Taufschein

F = Ehevermerk bzw. Eheurkunde

z. pr. = zu prüfen

Die Auswanderungswelle ab etwa 1850 aus der Tepler Herrschaft und dem Marienbader Umland ins Calumet County (Wisconsin/USA)
– zusätzliches Material –

Datum der Ankunft in Amerika	Name	Geburts-/Taufdatum	Haus-nummer	Ehemann/-frau	Sterbedatum	Begraben in	Dokumente
KIRCHSPIEL – Tachauer bzw. Albersdörfer Brand / Milíře							
Girnbert / Zadní Milíře							
Juni 1868	Schiffl, Maria Anna	4. Februar 1822	03	Michael Zeidler	12. April 1886	WI-M	T
Juni 1868	Zeidler, Frank William	31. August 1847	14	Wilhelmina Tesch	26. Februar 1916	WI-M	T
Juni 1868	Zeidler, Michael	1. Januar 1821	14	Maria Anna Schiffl	24. Juni 1894	WI-M	T
22. Mai 1873	Letz, Catharine	4. Januar 1864	15		16. Mai 1952	WI-M	T
22. Mai 1873	Letz, Maria	10. Oktober 1870	15		4. Mai 1931	WI-M	T
22. Mai 1873	Zeidler, Anna	20. Dezember 1842	03	John Adam Letz	5. Mai 1930	WI-M	T
KIRCHSPIEL – Auherzen / Úherce							
Auherzen / Úherce							
31. Juli 1868	Schaffer, Andreas	25. Januar 1828	09	Anna Feyerfeil	21. April 1910	WI-Mw	T
Blattnitz / Blatnice							
um 1861	Plutz, Joseph	22. November 1841	03	Maria Barbara Seidel	21. März 1911	WI-BR	T
12. September 1863	Felber, Anton	22. April 1853	03		1903	WI-Mw	T
12. September 1863	Felber, Mathias	März 1828		Maria Plutz	16. Juni 1905	WI-Mw	E
12. September 1863	Plutz, Maria	23. Oktober 1829	03	Mathias Felber	29. Januar 1903	WI-Mw	T
6. Juli 1868	Faber, Barbara	1836		Johann Plutz	1930	WI-DR	E

6. Juli 1868	*Faber, Barbara	1836		Anton Petrasek	1930	WI-DR	E
6. Juli 1868	Plutz, Elisabeth	17. Juni 1865	27		1. Mai 1931		T
6. Juli 1868	Plutz, Johann	3. August 1836	03	Barbara Faber	1926	WI-DR	T
6. Juli 1868	Plutz, Johann	6. September 1867	27		18. April 1931		T
6. Juli 1868	Plutz, Margaretha	11. Dezember 1847	03		3. Juni 1927	WI-J	T

Nürschan / Nýřany

vor 1962	Helgert, Aloysia	11. Oktober 1886	10	Franz Kubicek	4. Januar 1962	WI-M	T

KIRCHSPIEL – Auschowitz / Úšovice

Auschowitz / Úšovice

4. November 1856	Ries, Catherine	23. Februar 1819	37	Joseph Heimerl	18. Juli 1892	WI-FDL	T
18. Juni 1868	Muller, Sigmund	14. Juli 1854	51	Annie Koehler	20. März 1933	WI-C	T
15. Juni 1910	**Muller, Sigmund	14. Juli 1854	51	Annie Koehler	20. März 1933	WI-C	T
26. Mai 1952	Eisen, Helmut Gustav	2. März 1923			11. Juli 2001	MN-H	z. pr.
18. April 1955	Eisen, Kurt G.	27. August 1921		Eleonore Arbes	18. August 2001	MN-B	z. pr.

KIRCHSPIEL – Bleistadt / Oloví

Horn / Hory

7. Mai 1880	Nickasch, Anton	10. Dezember 1862	32	Margaretha Marie Wettengel	23. Februar 1949	WI-O	T
23. Oktober 1884	Nickasch, Andrew	18. Januar 1838	32	Margaret Krause	1888	WI-O	T
23. Oktober 1884	Nickasch, Joseph	9. Juni 1870	32		24. November 1950	WI-O	

KIRCHSPIEL – Maria Kulm / Chlum Svaté Maří

Boden / Boden

9. August 1881	Deissler, Maria Magdalena	29. April 1820	38	Georg Michael Vogl	9. November 1885	WI-M	T

Maria Kulm / Chlum Svaté Maří							
vor 1854	Riedl, Charles	21. September 1845	76				T
vor 1854	Riedl, John	16. Oktober 1805	76	Marie Anna Fischer	6. Februar 1880	MA	T
vor 1854	Riedl, John J.	9. August 1835	76		27. Februar 1899	MA	T
vor 1854	Riedl, Joseph	8. April 1838	65		8. Juni 1923	MA	T
vor 1854	Riedl, Mary	16. Februar 1840	76		20. April 1907	MA	T
vor 1854	Riedl, Matthew	16. Oktober 1842	76		Januar 1876	MA	T
vor 1854	Riedl, Michael	20. März 1833	76		4. März 1908	MA	T
vor 1860	Riedl, Catherine Helen	17. Juni 1850	76	Fidelis Zitterbart	28 Dezember 1913	PA	T
vor 1860	Riedl, Madeline	11. Januar 1848	76		23. Januar 1881	MA	T
Daßnitz / Dasnice							
vor 1854	Fischer, Marie Anna	30. April 1810	03	John Riedl	24. Juni 1891	MA	T
Kloben / Hlavno							
18. November 1867	Muehlhans, Andreas	16. Februar 1809	34	Marie Katherine Hetzer	9. März 1876		T
18. November 1867	Muehlhans, Andrew	11. August 1838	34		24 Dezember 1905		T
18. November 1867	Muehlhans, Anton	11. Juni 1847	34				T
18. November 1867	Muehlhans, Catherina	5. Januar 1858	34				T
18. November 1867	Muehlhans, Charles	15. März 1850	34	Agnes Loeb			T
18. November 1867	Muehlhans, Frank	1. Oktober 1852	34		4. März 1907		T
18. November 1867	Muehlhans, Wenzel	15. März 1850	34		5. August 1911	WI-M	T
23. November 1867	Vogl, Johann	16. März 1847	03		22. Februar 1907	WI-M	T
um 1880	Vogl, Magdalene Margareth	23. Februar 1844	03		25. August 1921	WI-M	T
Oktober 1880	Vogl, Andreas	18. Mai 1859	37		10. August 1909	WI-M	T
9. August 1881	Kuhnl, Anna	5. Dezember 1849		Johann Vogl	24. Januar 1920	WI-Mar	T
9. August 1881	Vogl, Christof	9. Februar 1852	37	Cecelia Hutter	1922	WI-Mar	T

9. August 1881	Vogl, Johann	27. Februar 1842	03	Anna Kuhnl	8. Februar 1916	WI-Mar	T
9. August 1881	Vogl, Margareth	28. September 1856	37		5. Februar 1946	WI-M	T
9. August 1881	Vogl, Margarette	23. Mai 1881	37				T
9. August 1881	Vogl, Theresia	12. Juli 1861	37		8. Februar 1931		T
KIRCHSPIEL – Chodau / Chodov							
Chodau / Chodov							
1. September 1855	Fischer, Anton	4. Februar 1800	08	Karolina Schwartl	1884		T
1. September 1855	Fischer, Anton	27. April 1840			11. Oktober 1917		z. pr.
1. September 1855	Fischer, Barbara	12. Mai 1842	74		1876		T
1. September 1855	Fischer, Franz Karl	3. Juli 1837	74		9. Juli 1887	WI-O	T
1. September 1855	Schwartl, Karolina	13. Mai 1800		Anton Fischer	27. Oktober 1845		E
vor 1860	Fischer, Anna	18. August 1824		Joseph Anton Stoehr	7. Juni 1897	WI-SH	E
vor 1926	Fischer, Franziska	3. April 1831	74		1926		T
KIRCHSPIEL – Donawitz / Stanovice							
Trossau / Dražov							
27. Mai 1867	Breitfelder, Ferdinand	2. Februar 1834	01	Francizisca Keilberth	6. Dezember 1895	IN	T
27. Mai 1867	Breitfelder, Franz Joseph	25. Februar 1836	01		26. Mai 1911	OH	T
KIRCHSPIEL – Elbogen / Loket							
Grünlas / Loučky							
um 1855	Stoehr, Joseph Anton	20. Juni 1818	24	Anna Fischer	11. Dezember 1888	WI-SH	T
vor 1860	Stoehr, Wenzel	20. März 1848	24	Margareth Heckel	27. Februar 1914	WI-SH	T

KIRCHSPIEL – Falkenau / Sokolov							
Zwodau / Svatana							
9. August 1881	Vogl, Anne	19. Januar 1879	82		1897		T
KIRCHSPIEL – Frohnau / Vranov							
Ebmeth / Rovná							
vor 1856	Weiss, Albert	18. Februar 1846	21		3. April 1924	WI-O	T
vor 1856	Weiss, Erwin Joseph	14. März 1853	21				T
vor 1856	Weiss, Franz Anton	3. Januar 1811	21	Francisca Renz	22. September 1897	WI-O	T
vor 1856	Weiss, Theresa	10. April 1842					T
vor 1870	Weiss, Crescentia	24. März 1808	38	Joseph Anton Dorschner	27. August 1895	WI-O	T
15. Oktober 1921	Theisinger, Marie Elizabeth	20. Dezember 1898		Joseph Muehlhans	14 Dezember 1943	WI-Mw	z. pr.
Frohnau / Vranov							
22. Mai 1882	Kuehnl, Adolph	18. Dezember 1836	54	Anna Riedl	1912	WI-C	T
KIRCHSPIEL – Girsch / Krsy							
Geischowitz / Kejšovice							
vor 1868	Gubka, Theresa	2. November 1844		Wenzel Koehler	2. September 1912	WI-C	z. pr.
7. Dezember 1868	Gubka, Barbara	27. März 1852			26. November 1901	SD	z. pr.
7. Dezember 1868	Gubka, Katherine	12. Juli 1842			27. März 1928	WI-C	z. pr.
vor 1870	Blur, Anna Maria	1812		Andreas Gubka	2. Februar 1890	WI-C	z. pr.
vor 1870	Gubka, Andreas	26. Oktober 1796	17	Anna Maria Blur	12. Mai 1870	WI-C	T
vor 1880	Gubka, Carl	April 1847			4. März 1926	MN-TR	z. pr.

Girsch / Krsy						
Juni 1869	Zepnick, Joseph	6. Juni 1838	31	Maria Anna Holtschick	19. Juni 1919	WI-C	T
KIRCHSPIEL – Gossengrün / Krajková						
Plumberg / Květná						
8. September 1873	Doerfner, Magdelina	24. Juni 1827	15	Andreas Wettengel	21. Januar 1878	WI-O	T
KIRCHSPIEL – Graslitz / Kraslice						
Graslitz / Kraslice						
2. Juli 1853	Enders, Theresa Marie	20. Mai 1827	012	Frederick Staniek	21. Mai 1900	PA	T
2. Juli 1853	Staniek, Andrew	24. Mai 1852	035				T
2. Juli 1853	Staniek, Frank	25. Oktober 1848	012		16. Oktober 1907	PA	T
2. Juli 1853	Staniek, Frederick	10. August 1822	204		28. Februar 1875	PA	T
2. Juli 1853	Staniek, Joseph Enders	4. Februar 1847	627		4. April 1917	PA	T
Schönwerth / Krásná						
12. Oktober 1853	Richter, Elisabetha	1815		Johann Wenzl Riedl	Oktober 1853		z. pr.
12. Oktober 1853	Riedl, Anna Maria	27. August 1832	05		29. September 1921		T
12. Oktober 1853	Riedl, Eduard Christoph	10. Mai 1844	05		14. März 1890		T
12. Oktober 1853	Riedl, Elisabetha	14. Januar 1837	05		29. Juli 1915		T
12. Oktober 1853	Riedl, Franzika	11. November 1847	05		25. Juni 1934		T
12. Oktober 1853	Riedl, Johann Wenzl	12. Februar 1805	06	Elisabetha Richter	Oktober 1853		T
12. Oktober 1853	Riedl, Johann Wenzl	9. Oktober 1841	05		1867		T
12. Oktober 1853	Riedl, Maria Magdalena	3. Dezember 1834	05		5. Januar 1901		T

KIRCHSPIEL – Habersbirk / Habartov						
Meierhöfen / Dvory						
18. November 1867	Hetzer, Marie Katherine	01	Andreas Muehlhans	18. Juli 1881		T
KIRCHSPIEL – Heiligenkreuz / Chodský Újezd						
Glasau / Neblažov						
1. Juni 1874	Gebhart, Adam			4. November 1952	ND	z. pr.
1. Juni 1874	Gebhart, Andrew	25. August 1862	Anna Olrich	1922	WI-C	z. pr.
1. Juni 1874	Gebhart, Michael	31. August 1865		23. November 1941	MN-WL	z. pr.
1. Juni 1874	Gebhart, Wenzel	30. Dezember 1827	01	Katharina Seidler	12. Juli 1901	ND	T
18. Juni 1868	Gebhart, Margaret	3. März 1825	01	Johann Suttner	30. August 1881	WI-C	T
Heiligenkreuz / Chodský Újezd						
22. Juli 1922	Wenig, Wenzel	4. Mai 1895	53	Louise Rott	4. Februar 1980	WI-C	T
KIRCHSPIEL – Hohen-Zetlisch / Vysoké Sedliště						
Thein / Týnec						
23. April 1893	Friedl, Michael	10. August 1873	22	Margareta Hederer	25. Mai 1939	WI-R	T
um 1895	Friedl, Margaret	21. April 1877	22	Frank Aloysius Schimanski	24. Oktober 1970	WI-R	T
um 1895	Friedl, Mary	21. Oktober 1879	22	John Goeser	1. April 1956	WI-C	T
10. Mai 1895	Friedl, Anna	7. Juni 1882	22		20. März 1929	WI-R	T
10. Mai 1895	Friedl, Joseph	30. März 1884	22		1941		T
10. Mai 1895	Friedl, Matthias	20. September 1841	22	Maria Anna Hoerl	18. April 1925	WI-R	T
10. Mai 1895	Friedl, Theresa	27. April 1889	22	Frank Schneider	21. November 1922	WI-C	T
10. Mai 1895	Hoerl, Maria Anna	30. Mai 1849	06	Matthias Friedl	4. Juni 1928	WI-R	T

2. Juli 1896	Hoerl, Anna	27. Dezember 1881	06				T
2. Juli 1896	Hoerl, Fredrick	10. Januar 1889	06		5. Juli 1978	WI-M	T
2. Juli 1896	Hoerl, Margaretha	21. Februar 1891	06				T
2. Juli 1896	Hoerl, Maria	22. Juni 1877	06	Anton E Kuehnl	1949	WI-C	T
2. Juli 1896	Hoerl, Marie	4. April 1862	06				T
2. Juli 1896	Hoerl, Michael	29. Juni 1851	06	Margaret Holleck	1896	WI-C	T
2. Juli 1896	Hoerl, Michael	27. November 1883	06		15. April 1963	WI-C	T
2. Juli 1896	Hoerl, Sigmund	9. September 1885	06		5. Januar 1955	WI-S	T
2. Juli 1896	Hoerl, Wenzel	29. Juli 1892	06	Angeline Daun	13. Juni 1959	WI-C	z. pr.
2. Juli 1896	Holleck, Margaret	20. Dezember 1851	18	Michael Hoerl	7. März 1930	WI-C	T
KIRCHSPIEL – Kapsch / Skapce							
Guratin / Krtín							
um 1855	Eigenberger, Joseph	15. Mai 1824	11	Maria Werthan	4. November 1888	IA-D	T
3. September 1855	Eigenberger, Maria	24. März 1830	11	Peter Sprenger	16. Juli 1884		T
KIRCHSPIEL – Kirchenbirk / Kostelní Bříza							
Ruditzgrün / Rudolec							
22. Mai 1882	Kuehnl, Anton E.	11. Januar 1872	20	Maria Hoerl	21. Juni 1940	WI-C	T
22. Mai 1882	Kuehnl, Elizabeth	20. Mai 1864	20	Franz Josef Rott	3. Mai 1920	WI-C	T
22. Mai 1882	Kuehnl, George	17. August 1878			6. April 1928	WI-C	z. pr.
22. Mai 1882	Kuehnl, Rose	10. Dezember 1880		Michael Satzer	1939	WI-C	z. pr.
22. Mai 1882	Kuehnl, Wenzel	10. Mai 1869	20		1925	MN-S	T
KIRCHSPIEL – Königsberg / Kynšperk nad Ohří							
Golddorf / Zlatá							
27. Mai 1903	Muehlhans, Joseph	1. Februar 1879		Marie Elizabeth Theisinger	6. Juni 1959	WI-Mw	z. pr.

Krainhof / Dvorečky					
27. Mai 1867	Keilberth, Francizisca	7. April 1843	16	Ferdinand Breitfelder	22. Juni 1923	CA	T

KIRCHSPIEL – Kosolup / Kozolupy

Kosolup / Kozolupy

31. Juli 1868	Feyerfeil, Anna	2. Juli 1836	29	Andreas Schaffer	12. Juli 1909	WI-Mw	T
31. Juli 1868	Schaffer, Anna	8. August 1861	29				T
31. Juli 1868	Schaffer, Catherine	8. Januar 1857	29				T
31. Juli 1868	Schaffer, Elisabeth	26. Februar 1868	07		1956	WI-BR	T
31. Juli 1868	Schaffer, Joseph	12. Dezember 1855	29		19. Oktober 1909	MN-C	T
31. Juli 1868	Schaffer, Mary	16. Juni 1863	29				T
31. Juli 1868	Schaffer, Theresa	9. Mai 1860	29		13. Januar 1881	WI-Mw	T
31. Juli 1868	Schaffer, Wenzel	7. April 1858	29		1948	WI-BR	T

KIRCHSPIEL – Kostelzen / Kostelec

Kostelzen / Kostelec

Juni 1854	Franta, Barbara	7. Februar 1813	22	Adalbert Steiner	1. April 1899	WI-Mw	T
Juni 1854	Steiner, Adalbert	8. Oktober 1810	07	Barbara Franta	24. Februar 1890	WI-Mw	T
Juni 1854	Steiner, Anna	31. Dezember 1844	30	John Kulnick	27. März 1932	WI-Mw	T
Juni 1854	Steiner, Barbara	20. Juli 1848	30	Carl Forster	26. Januar 1910	MN-B	T
Juni 1854	Steiner, John	16. September 1841	30	Johann Andreas Eigenberger	1914	WI-Mw	T
um 1855	Ganka, Anna	31. Juli 1800	10	Joseph Schiller	1855		
um 1855	*Ganka, Anna	31. Juli 1800	10		1855		
5. Juni 1867	Dobner, Margareta	27. Oktober 1843	01	Joseph Seifert	3. November 1916	MN-B	T

KIRCHSPIEL – Kumerau / Komárov						
Lohof / Lohov						
1. September 1855	Fuhr, Frances	7. Oktober 1812	21	Joseph Wettstein	30. März 1873	WI-C	T
1. September 1855	Wettstein, Theresa	31. Dezember 1834	21	Peter Joseph Keuler	23. Mai 1901	WI-C	T
KIRCHSPIEL – Landek / Otročín						
Landek / Otročín						
21. August 1856	Hohler, Frances	14. Dezember 1811	18	Vincent Fischer	13. November 1896		T
Poschitz / Poseč						
um 1868	Heidl, Frank Joseph	7. Januar 1850	04		1921	NJ	T
KIRCHSPIEL – Lanz / Lomnice						
Pichelberg / Boučí						
23. Oktober 1884	Krause, Margaret	7. Juni 1839	54	Andrew Nickasch	23. April 1915	WI-O	T
Thein / Týn						
8. September 1873	Wettengel, Andreas	11. September 1824	22	Magdelina Doerfner	1. Mai 1904	WI-O	T
8. September 1873	Wettengel, Katie	8. April 1857	22		20. Februar 1940	WI-O	T
8. September 1873	Wettengel, Margaretha Marie	29. September 1854	22	Anton Nickasch	9. November 1933	WI-O	T
Unter Negrün / Dolní Nivy						
9. August 1881	Hutter, Cecelia	9. Juli 1855	28	Christof Vogl	1891	WI-Mar	T

KIRCHSPIEL – Leskau / Lestkov

Hohen-Jamny / Vysoké Jamné

um 1877	Hierath, Anna Lydia	3. Mai 1875	05		25. Dezember 1954	ND	T
um 1877	Hierath, John Francis	4. August 1872	37		1928	ND	T
um 1877	Hierath, Joseph Karl	7. November 1847	12	Anna Marie Riedl	17. April 1918	CAN	T
um 1877	Riedl, Anna Marie	19. August 1846	03	Joseph Karl Hierath	14. September 1891	ND	T

Honau / Hanov

um 1886	Benedickt, Josephine	19. Dezember 1853	01	Karl Benedickt	5. März 1916	IA-HR	T

Kurschin / Kořen

1. Juni 1874	Gebhart, Catharina	20. Februar 1874	46		16. Oktober 1951	ND	T
27. Dezember 1891	Patz, Anton	27. Mai 1855	05	Anna Tischler		OH	T

Leskau / Lestkov

27. September 1856	Loesch, Catherine	20. August 1835	101	Herman Joseph Hanika	22. Januar 1905	NE	T
31. Mai 1882	Lotter, Theresa N.	7. August 1865	109		29. Januar 1948	NE	T
23. Juni 1882	Loesch, John	4. Dezember 1854	081		11. September 1920	NE	T
um 1885	Benedickt, Karl	1. August 1854	041	Josephine Benedickt	18. Februar 1932	IA-HR	T
um 1886	Benedickt, Joseph John	6. April 1883	041		11. Januar 1957	NE	T
um 1886	Benedickt, Rose Margaret	8. März 1878	041		16. August 1963	IA-HR	T
8. November 1888	Lotter, Julie Sophie	20. Oktober 1870	050	Josef Lotter	25. Mai 1952	KS	T
Juli 1895	Loesch, Anna	13. Januar 1839	109		25. September 1922		T
Juli 1895	Lotter, Anna	4. August 1872	050		28. April 1946	NE	T
Juli 1895	Lotter, Emilie	11. Juni 1874	050		2. Januar 1947	NE	T
vor 1900	Lotter, Frank	7. Januar 1867	109				T

KIRCHSPIEL – Lobs / Lobzy						
Steinbach / Kamenice						
vor 1864	Dorschner, Franz Karl	11. Juli 1846	54		31. August 1929	WI-O	T
vor 1870	Dorschner, Joseph Anton	31. Mai 1810	54	Crescentia Weiss	21. Dezember 1870	WI-O	T
vor 1880	Dorschner, Anton	11. Dezember 1834	54	Catherine Ebert	10. April 1903	WI-O	T
vor 1906	Dorschner, Franz Anton	4. Januar 1849	54		28. März 1906	WI-O	T
vor 1909	Dorschner, Franz	5. Mai 1837	54		23. März 1909	WI-O	T
vor 1922	Dorschner, Joseph	27. April 1843	54		24. März 1922	WI-O	T
KIRCHSPIEL – Marienbad / Mariánské Lázně						
Marienbad / Mariánské Lázně						
um 1853	Utschig, Johann Nepomuk	11. September 1848	57	Catherine Rheude	29. April 1926	CA	T
29. Oktober 1853	Utschig, Adolph	15. November 1837	44		16. Januar 1912	CA	T
29. Oktober 1853	Utschig, Elisabetha	12. Oktober 1835	44				T
29. Oktober 1853	Utschig, Johanna	24. März 1830	15				T
um 1854	Utschig, Amelia	20. April 1832	15	Louis Spuller	13. Mai 1924		T
um 1854	*Utschig, Amelia	20. April 1832	15	Charles Brown	13. Mai 1924		T
17. August 1854	Cech, Amelia	1. Februar 1854	67	Vincenz Cech			T
17. August 1854	Utschig, Anna	1. September 1828	15				T
vor 1876	Utschig, Ludwig	27. Juni 1845	57		5. Februar 1876	CA	T
10. Februar 1882	Popp, Johann Michael	14. November 1857	14		vor 1910		T
KIRCHSPIEL – Neudek / Nejdek						
Bernau / Bernov						
um 1867	Schreiber, Martin	21. Oktober 1833	138	Augusta Wilhelmine Heinz	2. August 1881	WI-SH	B

KIRCHSPIEL – Neudorf / Nová Ves

Neudorf / Nová Ves

8. Juli 1872	Reichl, Margaretha	20. Mai 1854	66		28. April 1913	T
31. Juli 1875	Reichl, George	20. Mai 1859	66		27. August 1889	T
8. Mai 1878	Bauer, Katharina	13. März 1835	42	Wenzl Reichl	17 Dezember 1907	IL T
8. Mai 1878	Reichl, Anna	26. Juni 1875	66		27. Oktober 1914	IL T
8. Mai 1878	Reichl, John	27. Februar 1868	66		1. Juli 1927	IL T
8. Mai 1878	Reichl, Maria	7. September 1870	66		26. November 1913	IL T
8. Mai 1878	Reichl, Theresia	23. Oktober 1862	66		5 Dezember 1914	T
8. Mai 1878	Reichl, Wenceslaus	31. August 1865	66		1931	IL T
8. Mai 1878	Reichl, Wenzl	3. Oktober 1821	66	Katharina Bauer	15. Juli 1879	IL T
4. April 1884	Reichl, Barbara	12. November 1826	66	Joseph Steiner	30. August 1917	T
4. April 1884	Steiner, Barbara	17. Oktober 1859	51	John Leibl	24. August 1932	T
Juli 1896	Bachmann, Joseph Anton	19. August 1881			16. Juni 1949	WI-M T
16. Mai 1901	Bachmann, Ferdinand	13. Juni 1886			17. Februar 1955	WI-M T

KIRCHSPIEL – Neudorf / Trstěnice

Neudorf / Trstěnice

4. November 1856	Heimerl, Elizabeth	21. Oktober 1847	20	Lorenz Kobriger	15. Mai 1896	WI-C T
4. November 1856	Heimerl, Eva	27. Juli 1845	20	Anna Magdalena Meier	10. Januar 1919	WI-C T
4. November 1856	Heimerl, John	6. Januar 1853	20	Catherine Ries	15. Oktober 1891	WI-C T
4. November 1856	Heimerl, Joseph	15. Juni 1814				WI-C E

KIRCHSPIEL – Ober Kozolup / Horní Kozolupy

Mariafels / Slavice

um 1868	Traegner, Anna	4. Dezember 1845	44		23. Mai 1924	MN-N	T
um 1869	Grosam, George	15. Juli 1840	21	Katharina Traegner	1897	MN-N	T
um 1871	Grosam, Johann	5. Oktober 1842	21	Maria Traegner	1. Februar 1890	MN-N	T
um 1864	Traegner, Albert	20. Dezember 1852	44		23. August 1921	MN-N	T
5. August 1871	Heyeis, Elisabetha	1819				MN-N	z. pr.
5. August 1871	Traegner, Katharina	24. November 1847	44	Adam Traegner	21. August 1923	MN-N	T
5. August 1871	Traegner, Maria	15. Mai 1850	44	George Grosam	12. März 1929	MN-N	T
5. August 1871	Traegner, Theresia	29. März 1858	44	Johann Grosam	nach 1888	MN-RN	T
KIRCHSPIEL – Ober-Sekerschan / Horní Sekyřany							
Hernmannshütte / Heřmanova Huť							
vor 1955	Kubicek, Franz	6. September 1879		Aloysia Helgert	5. September 1955	WI-M	T
Unter-Sekerschan / Dolní Sekyřany							
vor 1939	Tischler, Anna	8. Januar 1862		Anton Patz	16. März 1939	OH	T
KIRCHSPIEL – Ottenreuth / Otín							
Goldwag / Řešanov							
1. Juni 1874	Gebhart, Martin	24. September 1858	19	Catherine Kern	3. Juni 1943	WI-C	T
12. Juni 1875	Lerch, Katharina	20. Oktober 1858	17	Franz Joseph Reinl	11. Dezember 1886	WI-C	T
12. Juni 1875	Lerch, Martin	29. September 1824	11	Anna Seidler	4. September 1904	ND	T
12. Juni 1875	Lerch, Mary	15. August 1860	17		5. August 1946	ND	T
12. Juni 1875	Lerch, Michael	24. September 1854	19	Mary Reinl	1936	WI-C	T
12. Juni 1875	*Lerch, Michael	24. September 1854	19	Elizabeth Suttner	1936	WI-C	T
12. Juni 1875	Lerch, Theresa	8. Juli 1866	17		5. März 1933	ND	T
12. Juni 1875	Seidler, Andreas	12. Juni 1850	19	Martin Lerch	30. März 1901	WI-W	T
12. Juni 1875	Seidler, Anna	28. Oktober 1825			3. April 1910	ND	z. pr.
12. Juni 1875	*Seidler, Anna	28. Oktober 1825			3. April 1910	ND	z. pr

Gröna / Krinov						
um 1869	Gebhart, Adam	13. Juli 1833	14	Maria Thurmer	16. Februar 1918	Wl-C	T
Kiesenreuth / Křiženec						
18. Juni 1868	Suttner, Andreas	30. Oktober 1854		Elizabeth Keuler	22. Januar 1937	Wl-C	z. pr.
18. Juni 1868	Suttner, Anton	13. Juni 1858			vor 1938		z. pr.
18. Juni 1868	Suttner, Johann	24. April 1815	02	Margaret Gebhart	9. April 1897	Wl-C	T
18. Juni 1868	Suttner, Wenzel	24. November 1860		Bertha Nisler	23. Oktober 1938	Wl-C	z. pr.
2. Juli 1896	Suttner, Anna Maria	11. September 1869	02	Louis Maier	23. November 1961	Wl-C	z. pr.
2. Juli 1896	Suttner, Katharina	26. November 1817	02	Josef Hoerl	23. August 1901	Wl-C	T
KIRCHSPIEL – Pfraumberg / Přimda						
Pfraumberg / Přimda						
6. August 1852	Roppert, Magdelene	1808					
6. August 1852	Schwind, Anton	18. August 1841	103	Anton Schwind			E
6. August 1852	Schwind, Bartel	8. August 1837	141				T
6. August 1852	Schwind, Dorothea	5. Februar 1836	141				T
6. August 1852	Schwind, Julianna	20. Dezember 1845	041				T
6. August 1852	Schwind, Anton	21. April 1810	042	Magdelene Roppert			
KIRCHSPIEL – Pilsen / Plzeň						
Pilsen / Plzeň						
17. August 1854	Cech, Vincenz	26. September 1823	213	Anna Utschig			T

KIRCHSPIEL – Prostibor / Prostiboř						
Meßhals / Mezholezy						
30. Dezember 1874	Lodes, Anna	14. Mai 1839	23	Name nicht bekannt	30. Januar 1903	WI-C	T
30. Dezember 1874	*Lodes, Anna	14. Mai 1839	23	Wendelin Miller	30. Januar 1903	WI-C	T
Tinchau / Tuněchody						
1. April 1871	Wilhelm, Maria	4. Juni 1825	03	Anton Sprenger	5. August 1893		T
Zapfenmühle / Malečkův mlýn						
16. Juni 1870	Lodes, Anton	12. Juni 1841	38	Anna Maria Neubauer	30. November 1893	WI-C	T
12. Juni 1873	Lodes, Wenzel	10. Dezember 1843	38	Anna Steiner	19. Februar 1916	IA-PA	T
KIRCHSPIEL – Punnau / Boněnov						
Deutsch Thomaschlag / Domaslavičky						
6. August 1856	Heimrath, Marianna	2. Oktober 1811	07	Jacob Franz Schmidt			T
6. August 1856	Schmidt, Jacob Franz	25. Juli 1800	11	Marianna Heimrath	8. April 1869		T
18. Juni 1868	Mayer, Theresia	11. Februar 1836	16	Michael Schicker	9. Oktober 1899	WI-C	T
23. Mai 1870	Heimrath, Katherine	22. August 1819	07	Joseph Koehler	1. Juni 1898	WI-C	T
KIRCHSPIEL – Sankt Adalbert / Svatý Vojtěch						
Deutsch Borau / Beranovka						
18. Juni 1868	Koehler, Wenzel	9. Mai 1850	19	Theresa Gubka	11. Februar 1931	WI-C	T
18. Juni 1868	Schicker, Anna	1863			1946	WI-O	z. pr.
18. Juni 1868	Schicker, Margretha	16. September 1865	21		1904	WI-C	T

18. Juni 1868	Schicker, Michael	19. Mai 1867	21		14. März 1933	WI-M	T
18. Juni 1868	Suttner, Elizabeth	16. Dezember 1862	03		1938	WI-C	T
4. Juni 1869	Koehler, Franz Joseph	10. August 1836	19	Michael Lerch	29. August 1910	WI-FDL	T
4. Juni 1869	Koehler, Theresia	9. Januar 1841	19	Theresia Koehler	24. Februar 1913	WI-FDL	T
23. Mai 1870	Koehler, Elizabeth	14. Dezember 1855	19	Franz Joseph Koehler	15. Februar 1924	WI-C	T
23. Mai 1870	Koehler, Franz Joseph	23. Mai 1859	19	John Ott	28. September 1940	WI-C	T
23. Mai 1870	Koehler, Joseph	7. Oktober 1818	19	Katherine Heimrath	4. April 1908	WI-C	T
20. November 1871	Scherbaum, Theresa	25. November 1833		Wenzel Koehler	1928	KS	z. pr.
20. November 1871	Koehler, Anna	1862			nach 1920		z. pr.
20. November 1871	Koehler, Charles	1864			10. September 1931	KS	z. pr.
20. November 1871	Koehler, Theresa	15. Februar 1865			8. Juni 1947	KS	z. pr.
20. November 1871	Koehler, Wenzel	13. März 1834	19	Theresa Scherbaum	16. September 1921	KS	T
vor 1880	Koehler, Frank	7. Januar 1815	19				T
Oktober 1911	Hammer, Michael	3. August 1872	04	Albina Kogerer	28. August 1948	WI-C	T
Sankt Adalbert / Svatý Vojtěch							
7. August 1867	Buchtinger, Theresia	9. April 1836		Andreas Nadler	12. Mai 1909	WI-C	T
18. Juni 1868	Taubel, Anna	18. Januar 1866	13		11. Februar 1890	WI-C	T
KIRCHSPIEL – Schönwald / Lesná							
Schönwald / Lesná							
22. Mai 1873	Letz, John Adam	26. Februar 1840	21	Anna Zeidler	9. Mai 1915	WI-M	T
14. Juni 1880	Radl, Catherine	25. November 1853	09	Frank Steiner	17. Januar 1930	MN-RA	T
14. Juni 1880	Steiner, Frank	6. März 1853	19	Catherine Radl	18. September 1943	MN-RA	T
14. Juni 1880	Steiner, George	30. November 1878	57		13. März 1948	MN-RA	T
4. April 1884	Steiner, John	12. Oktober 1850	20		4. April 1904		T
4. April 1884	Steiner, Josef	2. Dezember 1866	01		20. November 1931		T

KIRCHSPIEL – Tachau / Tachov					
Ulliersreith / Oldřichov					
20. Dezember 1880	Frotschl, Charles		März 1874		z. pr.
20. Dezember 1880	Frotschl, Georg		1865		z. pr.
20. Dezember 1880	Frotschl, Johann	17	9. Juli 1839		T
20. Dezember 1880	Frotschl, Johann		1862	Marie Knoll	z. pr.
20. Dezember 1880	Frotschl, Marie		1871		z. pr.
20. Dezember 1880	Knoll, Marie		1841	Johann Frotschl	z. pr.
KIRCHSPIEL – Tepl Stift / Teplá-klášter					
Pöken / Pěkovice					
18. Juni 1868	Braun, Elizabeth	24	9. September 1833	Wenzel Taubel	29. Juli 1912 WI-C T
18. Juni 1868	Taubel, Catherine	20	20. August 1829		T
18. Juni 1868	Taubel, Wenzel	20	1. September 1834	Elizabeth Braun	19. August 1909 WI-C T
KIRCHSPIEL – Theusing / Toužim					
Sattl / Sedlo					
1. September 1855	Wettstein, Adrian	21	29. August 1846	Catherine Mauer	4. August 1923 WI-FDL T
1. September 1855	Wettstein, Anna	21	1. November 1839	Hubert Guelig	5. September 1872 WI-FDL T
1. September 1855	Wettstein, Carl	21	28. Februar 1844	Anna Kutzer	20. Mai 1922 WI-C T
1. September 1855	Wettstein, Edward	21	22. September 1854	Louise Lenz	3. Juli 1917 SD T
1. September 1855	Wettstein, Frank	21	20. Januar 1837	Elizabeth Leitner	21. Mai 1905 WI-C T
1. September 1855	Wettstein, Joseph	21	16. November 1810	Frances Fuhr	23. Dezember 1886 WI-C T
1. September 1855	Wettstein, Joseph	21	13. Februar 1842	Katherine Hoffmann	8. März 1895 WI-C T
1. September 1855	Wettstein, Stephan	21	25. Februar 1850	Anna Maria Mauer	9. Februar 1923 WI-C T

KIRCHSPIEL – Trinkseifen / Rudné

Hochofen / Vysoká Pec

3. Juli 1854	Noworatzky, Franz	2. November 1799		Anna Johanna Gevia Elster	19. September 1874	WI-Mw	z. pr.
6. Dezember 1858	Elster, Anna Johanna Gevia	23. Januar 1817		Bernhard Schnurr	30. Juli 1880	WI-Mw	z. pr.
6. Dezember 1858	*Elster, Anna Johanna Gevia	23. Januar 1817		Franz Noworatzky	30. Juli 1880	WI-Mw	z. pr.
6. Dezember 1858	Noworatzky, Frank	15. März 1851	78		25. Oktober 1930	WI-O	T
6. Dezember 1858	Noworatzky, Joseph	2. September 1854	78		23. November 1941	WI-Mw	T
6. Dezember 1858	Schneier, Adolph	24. September 1858	78		1859	WI-Mw	T
6. Dezember 1858	Schnurr, Anton	26. Juli 1841			8. Februar 1913	WI-Mw	z. pr.
6. Dezember 1858	Schnurr, Magdalena	22. Juli 1838			9. März 1920	WI-Mw	z. pr.

KIRCHSPIEL – Tschernoschin / Černošín

Wolfersdorf / Olbramov

1. Juni 1874	Seidler, Katharina	19. Februar 1835	40	Wenzel Gebhart	9. Oktober 1919	ND	T
um 1889	Rosch, Anna	30. April 1855	12	Wendelin Pimpl	18. April 1946	MN-S	T

KIRCHSPIEL – Tutz / Dubec

Pössigkau / Bezděkov

um 1865	Martinka, George	10. Januar 1850	38	Barbara L Kachelmeier	1930	MN-B	T
April 1868	Zishka, Barbara	Januar 1816		George Martinka	1902	MN-B	E
um 1869	Martinka, Barbara	5. Oktober 1844	45	John Schottenbauer	Dezember 1876	MN-N	T
um 1869	Schatenbauer, George	3. August 1865	46		22. Februar 1954	MN-RW	T
um 1869	Schottenbauer, John	18. Januar 1838	05	Barbara Martinka	1. Januar 1918	MN-RW	T
um 1869	*Schottenbauer, John	18. Januar 1838	05	Anna Hegert	1. Januar 1918	MN-RW	T
22. Mai 1880	Martinka, Wenzel	5. Mai 1853	45				T
May 1893	Wild, Mary	19. Februar 1845	39	Joseph Lang	4 Dezember 1909		T

Zemschen / Třemešné						
11. Mai 1868	Buchl, Elizabeth	9. Oktober 1837	27	Johann Goblirsch	26. April 1909	MN-N	T
11. Mai 1868	Goblirsch, Adam	15. Januar 1862	05		11. April 1946	MN-N	T
11. Mai 1868	Goblirsch, Adam	6. Juli 1839	05	Margaretha Stadick	19. September 1908	MN-N	T
11. Mai 1868	Goblirsch, George	9. Mai 1867	24		vor 1880		
11. Mai 1868	Goblirsch, Johann	18. September 1835	05	Elizabeth Buchl	26. Februar 1909	MN-N	T
11. Mai 1868	Goblirsch, John	20. Oktober 1867	05	Anne Muehlbauer	7. Juli 1941	MN-RW	T
11. Mai 1868	Goblirsch, Mary	22. September 1865	38		27. Januar 1937		T
11. Mai 1868	Golbirsch, George Anton	9. Januar 1865	05	Mary Goblirsch	3. April 1922	MN-RW	T
11. Mai 1868	Stadick, Margaretha	23. Mai 1841	38	Adam Goblirsch	15. Januar 1917	MN-N	T
4. Juni 1869	Goblirsch, Joseph John	11. März 1831	10	Katherine Marie Schloegl	1. April 1913	MN-B	T
4. Juni 1869	Schloegl, Katherine Marie	9. November 1837	25	Joseph John Goblirsch	23. Februar 1932	MN-B	T
KIRCHSPIEL – Unter-Jamny / Dolní Jamné							
Schwitz / Svetec							
14. Juli 1868	Gubka, Joseph Michael	19. Januar 1833	07	Mary Anna Theresa Turba	12. März 1925	SD	T
KIRCHSPIEL – Welperschitz / Erpužice							
Lomitschka / Lomnička							
9. August 1873	Hammer, Engelbert	7. April 1872			19. August 1958	WI-FDL	z. pr.
9. August 1873	Hammer, Joseph	1869			21. Januar 1931	WI-FDL	z. pr.
9. August 1873	Hammer, Mathias	1837			11. Mai 1898	WI-FDL	z. pr.
9. August 1873	Schroedl, Kordula	10. Dezember 1814	04	Gregor Theyerl	19. März 1878		T
9. August 1873	Theyerl, Gregor	15. Oktober 1816	06	Kordula Schroedl	8. Februar 1903		T
9. August 1873	Theyerl, Joseph	20. Februar 1838	06		24. Oktober 1914	WI-FDL	T
9. August 1873	Theyerl, Katharina	19. Juli 1844	06	Mathias Hammer	10. März 1918	WI-FDL	T
9. August 1873	Theyerl, Lorenz	28. Oktober 1846			17. April 1923	WI-C	z. pr.
vor 1880	Theyerl, Anton	31. Mai 1836	04	Anna Saazer	30. Mai 1895		T

KIRCHSPIEL – Witschin / Vidžín					
Dobrawod / Dobrá Voda					
Juni 1869	Holtschick, Maria Anna	18. Mai 1834	01	Joseph Zepnick	7. September 1870	WI-C	T
Juni 1869	*Holtschick, Maria Anna	18. Mai 1834	01	Name nicht bekannt	7. September 1870	WI-C	T
Neschikau / Nežichov					
18. Juni 1868	Heidl, Theresia	20. Oktober 1814	01	Anton Schicker	21. Juni 1900	WI-C	T
18. Juni 1868	Schicker, Michael	15. Dezember 1836	01	Theresia Mayer	21. Januar 1921	WI-C	T
15. Juni 1910	*Schicker, Michael	15. Dezember 1836	01	Theresia Mayer	21. Januar 1921	WI-C	T

Verwendete Symbole und Abkürzungen:

* = Zweitheirat
** = erneute Einreise in die Vereinigten Staaten

Dokumententypen:
T = Taufvermerk bzw. Taufschein
E = Ehevermerk bzw. Eheurkunde
z. pr. = zu prüfen

Kapitel 5

Schluss

Dies ist die Geschichte von Hunderten deutschböhmischen Auswanderern, die ab den 1850er-Jahren aus der Gegend von Tepl und Marienbad im heutigen Tschechien nach Amerika, in die Vereinigten Staaten, genauer: nach Wisconsin gekommen sind. Über Meer und Land reisten sie weit, vom Böhmerland bis ins Calumet Country. Sie erwarben dort Grund und Boden, rodeten den Wald, um Felder und Weiden anzulegen, sie bauten Blockhäuser und errichteten Kirchen. Sie gehörten zu den allerersten europäischen Siedlern im Calumet County.

Die hier vorgestellte Datenerhebung hat die Wurzeln von 248 deutschböhmischen Siedlern aus der Town of Brothertown freigelegt. Auch andere Siedler, die in der weiteren Umgebung von Wisconsin sesshaft wurden, konnten identifiziert werden. Wir kennen nun also ihre Namen. In vielen Fällen kennen wir auch die Namen ihrer Vorfahren. Darüber hinaus gibt es jedoch auch noch weitere Informationsquellen, um die Geschichte der deutschböhmischen Siedler in dem gesellschaftlichen, wirtschaftlichen und politischen Kontext ihrer Lebenswelt zu erfassen.

Eine Frage sollte vielleicht noch beantwortet werden: Warum haben die deutschböhmischen Siedler sich ausgerechnet im Calumet County niedergelassen? Eine Antwort gibt uns, wie schon zuvor, die Lokalzeitung *Chilton Times*. In einem Artikel aus dem Frühjahr 1867 werden Gründe für die deutschböhmische Einwanderungswelle genannt:

> **Von der Titelseite der *Chilton Times*
> vom 27. April 1867**
>
> „Die Auswanderungssaison ist inzwischen in vollem Gang: Tausende sind [in diesen Wochen] aus der alten Heimat in die Vereinigten Staaten gekommen; Tausende mehr sind jetzt noch auf dem Weg. Fast alle

werden [nach ihrer Ankunft in New York] weiter nach Westen ziehen, um ein neues Zuhause zu finden. Eine beträchtliche Zahl ist schon in New Holstein im hiesigen County angelangt. Wir wollen daher einige der Vorteile ansprechen, die den Einwanderern und anderen bei einer Ansiedlung im Calumet County winken, denn wir glauben, dass kein anderes County in Wisconsin dem Auswanderer größere Anreize bietet als unseres, und der Zeitpunkt wird nie günstiger sein, um die Grundlagen zu einer guten Farm zu einem niedrigen Preis zu erwerben, als zur gegenwärtigen Zeit. Inzwischen sind alle Teile des Countys durch Straßen erschlossen, die zu guten Märkten führen, und so kann der Farmer seine Erzeugnisse nach Fond du Lac bringen, nach Manitowoc, Sheboygan, Island City, Appleton oder nach Green Bay, ganz nach Belieben. Tatsächlich gibt es kein County im ganzen Bundesstaat, das von so vielen Märkten eng umgeben ist.

Unser Boden trägt einen tiefen, reichen Humus, der allerorts den denkbar ertragreichsten Ackerbau gestattet. Im ganzen Staat Wisconsin wird man kein besseres Wasser finden: Schon seit langem haben alle Durchreisenden unsere klaren, funkelnden Wasserläufe bewundert, die überall aus dem Boden treten. Wir haben zwar keine Prärie, aber bessere Wälder als unsere, die bestes Laubholz liefern – Eiche, Ahorn, Rüster, Graunuss, Kirsche und Linde –, bekommt die liebe Sonne auf ihrem ganzen Tageslauf nicht zu sehen; und durch die zahlreichen Sägemühlen und Manufakturen, die uns allenthalben umgeben, hat fast jeder Baum einen Wert. Unsere Bevölkerung zählt nun schon mehr als 10 000 Köpfe, und eine blühendere, erfolgreichere und zufriedenere Bauernschaft wird man im ganzen amerikanischen Westen nicht finden.

Spätestens in ein paar Jahren wird eine Eisenbahn durch das ganze County laufen, von Milwaukee bis an den Fox River, und wir dürfen wohl zuversichtlich sein, dass die Manitowoc-Menasha-Bahn, die auch einige unserer nördlichen Siedlungen berührt, schon bald fertiggestellt sein wird, was unseren Farmern weitere Möglichkeiten eröffnet, ihre Waren zu Markte zu bringen. Wir raten deshalb allen, die sich ein einträgliches und behagliches Heim erwerben wollen, diesen überaus fruchtbaren Landstrich selbst in Augenschein zu nehmen: Kommt nach Wisconsin!"[1]

---

[1] „Emigrants", *The Chilton Times* (Chilton, Wisconsin), 27. April 1867, Titelseite. [Transkription Dr. Joan Naomi Steiner.]

Für die Bewohner des Calumet County im Jahr 1867 besaß ihre Gemeinschaft einen hohen persönlichen Wert: Sie waren es, die diese Gegend als erste Europäer besiedelt hatten. Ihre Erlebnisse und Beobachtungen liefern deshalb persönliche Einblicke in die Motivation der deutschböhmischen Einwanderer, sich im Calumet County niederzulassen.

Die Mitglieder der hier entstehenden Siedlergemeinschaft wussten aus eigener Erfahrung, was nötig war, um bei der Urbarmachung einer solchen „Wildnis" Erfolg zu haben: harte Arbeit, Durchhaltevermögen, Gottvertrauen. Am Schluss dieser Darstellung der deutschböhmischen Einwanderungswelle soll daher ein weiterer Auszug aus einem Artikel der *Chilton Times* stehen, der 1869 erschien; die damaligen Einwohner von Calumet County sollen das letzte Wort haben:

> „Alles in allem sind sie [gemeint sind die deutschböhmischen Einwanderer] die tatkräftigste Kirchengemeinde im ganzen County, und ihr Glaubenseifer sei allen Gemeinden, sei den Gläubigen aller Konfessionen zur Nachahmung empfohlen."[2]

---

[2] „The St. Charles Catholic Congregation", *The Chilton Times* (Chilton, Wisconsin), 25. Juli 1868, Titelseite. [Transkription Dr. Joan Naomi Steiner.]

Europäische Hände an einem gemeinsamen Tisch in Wischkowitz / Výškovice (Foto: Klára Salzmann, „Renewal of Czech-German Border Landscape", Prag: Astron Studio, 2015).

Teil II:

Ressourcen und Informationsquellen für die Familienforschung

Kapitel 6

Genealogische und lokalgeschichtliche Studien amerikanischer Familienforscher

Bellin, Loretta M., and Terri L. Bellin. *The Family of Joseph Scholz & Theresia Winkler 1800-1988*. Privatdruck. 1988

In diesem Band finden sich auch Nachfahren der folgenden deutschböhmischen Einwandererfamilien: der Familien **Rahmer** und **Schierl**, die aus **Rojau** kamen; der Familie **Gröschel** (oder **Gröschl**) aus **Einsiedl** ; der Familie **Reinl** aus **Abaschin** und der Familie **Steiner** aus **Wischezahn**.

Das Buch umfasst 202 Seiten.

Bittner, Bernadette N. und Clarence W. *Heiman Family History 1853-1987*. Privatdruck. 1986.

In diesem Buch werden Nachfahren der Familie **Gröschel** (Gröschl) aus **Einsiedl** erwähnt, die mit der Familie Heiman verschwägert waren. Das Buch enthält auch ein Register der Haushaltsvorstände.

Das Buch umfasst 144 Seiten.

Bittner, Bernadette M., und Ottila S. Wettstein. *Leitner-Nadler-Reinl Relatives Bohemia to Wisconsin 1855*. Privatdruck, 1979.

> In dieser Familiengeschichte geht es um die allerersten Familien, die aus Böhmen ins Calumet County von Wisconsin ausgewandert sind. Ganze Kapitel beschäftigen sich mit den folgenden Familien: **Engelbert Leitner, Frank Nadler, Anton Reinl** und **Joseph Fischer**. Hier und da gibt es aber auch Informationen über die Familien **Lodes** und **Anton Kocher**. Das Buch enthält ein Register der Haushaltsvorstände.
>
> Das Buch umfasst 178 Seiten.

Bittner, Bernadette M., und Ottila S. Wettstein. *The Schwobe Story,* Privatdruck, o. J.

> In dieser Familiengeschichte geht es um die Familien **Schwobe, Neuber** und **Heckel**, aber auch die deutschböhmischen Familien **Egerer, Leitner, Steiner** und **Wettstein** werden berücksichtigt.
>
> Das Buch umfasst 214 Seiten.

Bittner, Bernadette M. *Bodendein/Kutzer Family*. Privatdruck, o. J.

> In dieser Familiengeschichte kommen die Familien **Kutzer, Egerer** und **Lenz** aus **Rojau** vor, einschließlich einiger Informationen über Landbesitz der Familie Kutzer.
>
> Das Büchlein umfasst 25 Seiten mit 10 lose eingelegten Seiten.

Gruber, Elta. *From the main tree, we fly into the future: Daun Family Genealogy*, Privatdruck, o. J.

In diesem detailreichen Buch dreht sich alles um die Nachfahren von Christopher **Daun** (1803–1888), dessen Sohn John Daun (1841–1909) **Adalbert Steiners** Tochter Theresa (1848–1918) heiratete. Die Darstellung ist ergänzt um Nachrufe, Fotografien und eine Literaturliste.

Das Buch umfasst 174 Seiten.

Kern, John. *A History of the Parish of St. Charles Borromeo from its beginning in 1866 to the Days of its Diamond Jubilee November 4, 1941*. Privatdruck, 1941.

Die Kirchengemeinde St. Charles Borromeo (Hl. Karl Borromäus) befand sich in Charlesburg, Town of Brothertown, Calumet County, Wisconsin. Die Geschichte dieser Gemeinde beruht zu großen Teilen auf dem Einsatz der deutschböhmischen Einwanderer, die ab den 1850er-Jahren aus der Gegend von Tepl und Marienbad in die Vereinigten Staaten kamen. Die Ursprünge der Siedlung um 1855 werden dargestellt, aber auch die Einweihung einer ersten Kirche im Jahr 1866. Zu den im Buch genannten Familien der Gründergeneration gehören die Familien **Lodes**, **Nadler**, **Fischer**, **Reinl**, **Lenz**, **Leitner**, **Steiner**, **Kutzer**, **Wettstein** und **Gröschel (Gröschl)**.

Das Buch umfasst 89 Seiten.

Nolan, Leta Anne, editor. *History of the Spink County Area: In Celebration of South Dakota's Centennial 1889–1989*. Dallas: Curtis Media Corporation, 1989.

In diesem Buch, das anlässlich der Hundertjahrfeier des US-Bundesstaats South Dakota veröffentlicht wurde, wird die Geschichte der Städte, Dörfer, Kirchen, Vereine, Betriebe und Gemeinden des Spink County dargestellt. Die Geschichte der frühen Siedler wird durch Kurzbiografien und Fotografien erzählt. Von besonderem Interesse ist hierbei die Familie **Lenz**, die 1882 aus den Countys Calumet und Fond du Lac in Wisconsin nach South Dakota kam.

Das Buch umfasst 481 Seiten.

Steil, Russell; Rosalinda Schuller; Jean Reinders; Arnoldt Heldt; und Kay Perry. *Mallard, Iowa 100 Years 1882–1982*. Privatdruck, 1982.

Auch in diesem Buch zu einer Hundertjahrfeier wird die Geschichte von lokalen Geschäftsleuten, Kirchen und Vereinen erzählt. Zu den frühen Siedlern, die aus Wisconsin nach Iowa weiterzogen, gehörten Angehörige der Familien **Lodes** und **Steiner**. Die biografischen Skizzen zu Familien und Einzelpersonen sind oft mit Fotografien bebildert.

Das Buch umfasst 299 Seiten.

Steiner, Marianne. *The Descendants of Adalbert Steiner and Anna Guentner* [Gintner] *1815-1986. Privatdruck.* 1986.

Im Zentrum dieser Familiengeschichte stehen die Nachfahren der vier Kinder von **Adalbert** und **Anna Gintner Steiner: Anton, Theresia, Franz Joseph** und **John**. Das Buch bietet ein Register der Nachnamen, dazu Karten von Europa, Calument County, Wisconsin, und dem südlichen Minnesota.

Das Buch umfasst 499 Seiten.

Wenig, John, and Jeffrey J. Lisowe. *The Rott Family History,* Privatdruck. 1978.

Dieses Büchlein skizziert die Geschichte der Familien **Rott** und **Kögerer**, die aus Habakladrau stammten und sich in Wisconsin zunächst in der Town of Russell im Sheboygan County angesiedelt haben, später dann in der Town of Brothertown sesshaft wurden. Auch die Familie **Kühnl** aus **Falkenau** wird berücksichtigt.

Das Büchlein umfasst 9 Seiten.

Wettstein, Ottila. *Applebecker-Boll Families.* Privatdruck, 1989.

Franziska **Gintner Mueller** [Müller, geb. Güntner] aus **Wischkowitz** wurde 1870 die zweite Frau George Applebeckers. Genauere Angaben zu den Kindern aus dieser Ehe sind enthalten.

Das Buch umfasst 40 Seiten.

Wettstein, Ottila Meyer. *Autobiography Ottila (Tillie) Meyer-Wettstein Siblings and Family*. Privatdruck, Mai 1997.

Ottila Wettstein schreibt über ihr Leben und über die Lebenswege ihrer Angehörigen. Das kleine Buch enthält Fotografien, Geschichten aus der Familie und Reflexionen über ihr Leben. Sie schreibt außerdem über Familien, die während ihrer Kindheit in der Nachbarschaft wohnten.

Das Buch umfasst etwa 30 Seiten.

Wettstein, Ottila Meyer. *Mueller-Koehler Families*. Privatdruck, 1986.

Ottila Wettstein schreibt über ihre Großeltern: Sigismund **Mueller** (1864–1933) und Anna **Koehler** (1854–1928). Die Nachfahren des Paares werden detailliert vorgestellt, u. a. mit Nachrufen, Landkarten, Fotografien und Zeitungsausschnitten. Als Ergänzung enthält der Band auch Informationen über die Familie von George **Apfelbacher**.

Das Buch umfasst 105 Seiten.

Wettstein, Ottila Meyer. Wettstein's *Austria to America 1855*, Volumes I und II. Privatdruck, 1988; Neudruck 1990 und 1992.

Diese zweibändige Familiengeschichte gilt der Familie von Joseph **Wettstein** und Franziska **Fuhrman** und ihren Nachfahren. Durch Zeitungsartikel, Fotografien und ein umfangreiches Register ist dieses Buch überaus informativ. Es enthält Angaben zu den deutschböhmischen Familien **Gröschel (Gröschl)**, **Leitner**, **Müller (Mueller)**, **Nadler**, **Reinl** und **Steiner**.

Band I und II umfassen jeweils 291 Seiten.

Woelfel, James A. *The Ulrich Woelfel Family History 1845-1995.*
Privatdruck. 1995.

In dem Register am Ende des Buches, das auch Angaben über Verwandtschaftsbeziehungen der einzelnen Personen zueinander macht, finden sich Nachfahren der Familie **Schierl** aus **Rojau** und der Familie **Steiner** aus **Wischezahn**. Außerdem enthält dieser familiengeschichtliche Band auch Zeitungsartikel, Fotografien und Kopien von Originaldokumenten.

Das Buch umfasst 307 Seiten.

Kapitel 7

Videodokumentationen über die Kirchsprengel Habakladrau und Pistau, die Kapelle in Kladerlas (Kladruby) und den Ausstellungsraum im *American Center* der US-Botschaft in Prag

Kirchweih von St. Laurentius in Ovesné Kladruby (Habakladrau) am 11. August 2019. Video im Besitz von Dr. Joan Naomi Steiner, Neenah, Wisconsin, 2019. (Adresse auf Anfrage)

Die Kirchweih von St. Laurentius in Ovesné Kladruby (Habakladrau) findet jedes Jahr statt, und das ganze Dorf nimmt daran teil. Es gibt Verkaufsstände für Essen und Handarbeiten, Volkstänze werden aufgeführt, für Kinder gibt es ein Spielangebot. Um 15 Uhr findet in der historischen Pfarrkirche der Gottesdienst statt. Hinterher lassen die Kirchgänger sich das hausgemachte Gebäck schmecken, das nach der Messe am Ausgang der Kirche verteilt wird.

Zu denen, die ab 1855 aus **Habakladrau** auswanderten, gehören die Familien **Degl, Hammer, Hanika, Kogerer, Lodes, Neubauer, Pop, Rosner, Rott, Rummer, Schneider, Schusser, Steidl** und **Turbaa**.

Aus **Abaschin** wanderten ab 1855 unter anderem die Familien **Denk** und **Reinl** aus.

Die Familie **Schusser** emigrierte 1882 aus **Hohendorf**.

Aus **Müllestau** wanderten ab 1855 die Familien **Huttl, Windirsch** und **Wurtinger** aus.

Aus **Wischezahn** wanderten ab 1856 die Familien **Arbes, Lodes, Schmidt, Steiner** und **Zepnick** aus.

Die Familien **Gintner (Güntner)**, **Nadler** und **Zepnick** emigrierten 1856 aus Wischkowitz.

Bartholomäusfest in Pistov (Pistau) am 26. August 2019. Video im Besitz von Dr. Joan Naomi Steiner, Neenah, Wisconsin, 2019. (Adresse auf Anfrage)

Auch bei diesem Fest findet um 15 Uhr ein Gottesdienst statt, der 2019 von dem Hochwürdigsten Herrn Abt des Stifts Tepl, P. Filip Lobkowicz (Lobkowitz) O.Praem., zusammen mit drei Priestern auf Besuch aus Deutschland zelebriert wurde. Die Messe wurde in deutscher und tschechischer Sprache gehalten, und unter den Gottesdienstbesuchern waren neben den heutigen tschechischen Einwohnern auch Besucher aus Deutschland: Die Heimatvertriebenen von einst mit ihren Nachfahren. Nach der Messe wurden alle zu Kaffee und Kuchen in das Pfarrhaus eingeladen, wozu die Familie Dr. Spata aus Pistov einlud.

Zu denen, die ab 1856 aus **Martinau** auswanderten, zählen die Familien **Hiederer** und **Pfrogler**.

Aus **Wilkowitz** wanderten ab 1855 die Familien **Schicker, Schmidt, Schmiedl** und **Schott** aus.

Weihe der Kapelle in Kladruby (Kladerlas) am 15. August 2019. Video im Besitz von Dr. Joan Naomi Steiner, Neenah, Wisconsin, 2019. (Adresse auf Anfrage)

P. Filip Lobkowicz, der Abt von Stift Tepl, hielt im August 2019 einen Weihegottesdienst für die frisch renovierte Kapelle von Kladruby, die nicht weit vom Tepler Klostergelände gelegen ist. An dem Gottesdienst unter freiem Himmel nahmen zahlreiche Einheimische teil.

Ausstellungsraum im American Center der US-Botschaft in Prag, Tschechische Republik, 16. August 2022. Video im Besitz von Dr. Joan Naomi Steiner, Neenah, Wisconsin, 2019. (Adresse auf Anfrage)

Bei dieser Ausstellung, die 2022 unter dem Titel *Identity Transfer* across Generations („Identitätsweitergabe über Generationen hinweg") stattfand, wurden fünf deutschböhmische Familien aus dem Calumet County von Wisconsin vorgestellt: die Familien **Lenz, Lodes, Mueller (Müller), Steiner** und **Wettstein**. Die Geschichte dieser Familien, die im 19. Jahrhundert aus dem westlichen Böhmen in die Vereinigten Staaten ausgewandert sind, wurd dabei jeweils von ihren Nachkommen erzählt. Die Ausstellung widmete sich auch der Frage, wie die heutigen Nachfahren der damaligen Auswanderer sich selbst sehen: als Amerikaner? als Böhmen? als Deutschamerikaner oder *Czech Americans* („Tschecho-Amerikaner")?

An der Ausstellungseröffnung nahmen teil der stellvertretende Kulturattaché der US-Botschaft, Todd Jurkowski, der Direktor des American Center der US-Botschaft, Vít Nejedlo, sowie zahlreiche Besucherinnen und Besucher aus Deutschland, Tschechien und den Vereinigten Staaten. Die Ausstellung von 2022 war bereits die dritte solche Präsentation – nach vorherigen in den Jahren 2020 und 2021 –, in der sich das American Center der US-Botschaft in Prag mit dem Thema der deutschböhmischen Einwanderung in das Calumet County von Wisconsin beschäftigte. Den Flyer und eine Beschreibung der Ausstellung in englischer Sprache kann man unter https://www.americke-centrum.cz/en/udalost/identity-transfer-across-generations/ einsehen.

Kapitel 8

Bücher zum Thema in englischer und / oder deutscher Übersetzung

Bartoš, Jaromír, *Okolí Mariánských Lázní na starých pohlednicích / Surroundings of Mariánské Lázně in Vintage Postcards / Umgebung von Marienbad in alten Ansichtskarten*. Hostivice [Hostiwitz]: Baron, 2013.

> Hier werden die Dörfer um Marienbad in alten Postkartenmotiven vorgestellt, insbesondere jene, die im Zweiten Weltkrieg und in der Zeit des Kommunismus starken Zerstörungen ausgesetzt gewesen sind. Die Sammlung alter Ansichtskarten wurde vom Freiwilligenverband des Gemeindetages der Mikroregion Mariánskolázensko (Region Marienbad) besorgt. Jedes Motiv wird beschrieben und historisch eingeordnet. Die Texte in diesem Buch von 216 Seiten sind auf Deutsch, Tschechisch, Russisch und Englisch. Der Verfasser Jaromir Bartoš ist Direktor des Stadtmuseums von Marienbad.
>
> Hierin vertretene Dörfer, aus denen Auswanderer in die Vereinigten Staaten gezogen sind**: Abaschin, Einsiedl, Habakladrau, Hohendorf, Martinau, Müllestau, Pistau, Rauschenbach, Wilkowitz** und **Wischezahn**.

Bartoš, Jaromír, *Mariánské Lázně: Dějiny města obrazech / Town History in Pictures / Geschichte der Stadt in Bildern.* Blansko [Blanz]: Novatisk, 2018.

Die Geschichte der Stadt Marienbad wird ab dem Jahr 1528 reich bebildert dargestellt. Die Texte sind in auf Tschechisch, Deutsch, Englisch und Russisch; das Buch hat 143 Seiten. (Vom selben Verfasser wie das vorherige Buch.)

Aus **Marienbad** wanderten ab 1853 etwa die Familien **Cech, Popp** und **Utschig** in die Vereinigten Staaten aus.

Salzmann, Klára, *Obnova krajiny česko-německého pohraničí – Wiederbelebung der deutsch-tschechischen Grenzlandschaft – Renewal of Czech-German Border Landscape.* Prag: Astron Studio, 2015.

Dieses Buch erforscht die Wiederbelebung des Grenzgebiets in der heutigen Tschechischen Republik, das unter den Ereignissen des Zweiten Weltkriegs, der Vertreibung und der Zeit des Kommunismus viel zu erleiden hatte. In dem Dorf **Wischkowitz**, aus dem ab 1856 die Familien **Gintner (Güntner), Nadler** und **Zepnick** ausgewandert sind, wurde 2014 ein internationaler Workshop gehalten, um im Gespräch neue Wege und Lösungsansätze für das Grenzgebiet und für Dörfer wie Wischkowitz herauszufinden.

Das Projekt wurde unterstützt von dem Programm Grenzübergreifende Zusammenarbeit Bayern – Tschechien INTERREG III. Das 201-seitige Begleitbuch enthält Texte in deutscher, tschechischer und englischer Sprache.

Kapitel 9

Informationsquellen im tschechischen Bäderdreieck: lokalhistorische Forschung, Museen und Bücher in tschechischer Sprache

Lokalhistoriker und Museen, aber auch Bücher in tschechischer Sprache liefern uns wertvolle Informationen über unsere deutschböhmischen Vorfahren aus der Gegend von Marienbad und Tepl. Ich möchte hier kurz meine eigenen Recherche-Erfahrungen teilen, in der Hoffnung, dass sie auch anderen (Familien-)Forscherinnen und Forschern, die sich mit der deutschböhmischen Bevölkerung des heutigen Tschechien befassen, eine Hilfe sein mögen.

Joan Naomi Steiner

Lokalhistorikers

Meine Geschichte beginnt damit, dass ich 2017 bei meinem ersten Besuch in Habakladrau, dem Dorf meiner Vorfahren, mit der dortigen Bürgermeisterin zusammentraf. Außerdem hatte ich einen Dolmetscher organisiert, der mich bei meiner Erkundung der Gegend begleitete. Die Bügermeisterin Aurelie Skřivanová unternahm mit uns einen informativen Rundgang durch die Kirche, das Schulgebäude, das Pfarrhaus, über den Friedhof und durch das Dorf. Außerdem schenkte sie mir ein Buch, das zwei tschechische Lokalhistoriker über Habakladrau, Wischezahn und Wischkowitz geschrieben hatten.[1] Über die Abstammungslinien meiner Familie habe ich eine Verbindung zu allen drei Dörfern.

Im Jahr 2018 kehrte ich zu einem zweiten Besuch nach Habakladrau zurück. Frau Skřivanová, die Bürgermeisterin, organisierte für mich ein Treffen mit Zdeněk Buchtele, einem der beiden Verfasser des Buches, das sie mir im Jahr zuvor geschenkt hatte. Ich hatte Interviewfragen vorbereitet, um mehr über die Dörfer und das ganze Kirchsprengel Habakladrau herauszubekommen

---

[1] Zdeněk Buchtele, and Richard Švandrlik. *Ovesné Kladruby a zaniklé obce Vysočany a Výškovice.* (Planá u Mariánských Lázní: Nakladatelstelství a vydavatelstvío Knourek, 2012).

und befragte Herrn Buchtele mithilfe einer Dolmetscherin. Herr Buchtele lud mich ein, sein lokalgeschichtliches Museum in Manský Dvůr zwischen Marienbad und Eger zu besuchen. Zu dieser Gelegenheit lud er auch seine Mitarbeiterin Jana Drahokoupilová ein, eine Reporterin der Marienbader Lokalzeitung. Wir machten eine Führung durch Buchteles lokalgeschichtliches Museum. Ich erfuhr mehr über das Alltagsleben, das meine Familie in den Dörfern ihrer „alten Heimat" geführt hatte, und auch darüber, wie die wechselnden politischen Verhältnisse sich in der Region jeweils ausgewirkt hatten.

Frau Drahokoupilová interviewte mich beim Mittagessen in einem Gasthaus in der Nähe. Der Artikel, den sie daraufhin schrieb, verband meine Museumsführung mit dem Interview, das wir danach geführt hatten.[2]

---

[2] "Jak se hledají kořeny rodu. Joan Naomi Steiner je našla nedaleko Mariánských Lázní," *Mariánskolázeňské Noviny* (Mariánskolázeňské, Czech Republic), 22 červen 2018, ročník VI, strana 3.

Der Artikel in der Marienbader Lokalzeitung *Mariánskolázeňské Noviny*.

Grundlage der folgenden Übersetzung ins Deutsche ist die englische Übersetzung des Zeitungsartikels, die Marie Zahn für mich angefertigt hat:

Wie man die Wurzeln seiner Familie findet

Joan Naomi Steiner fand sie nicht weit von Mariánské Lázně entfernt

Es war reiner Zufall, dass Zdeněk Buchtele unsere Zeitung eingeladen hat, um die Amerikanerin Frau Joan Naomi Maltby Steiner zu treffen. Sie war in unserer Gegend auf der Suche nach den Wurzeln ihrer Familie. Und weil sie bei ihrer Suche sehr gründlich vorging, wollte sie auch das Museum kennenlernen, das der eingangs schon erwähnte Lokalhistoriker in Manský Dvůr aufgebaut hat; dort wollte sie das Leben der Tschechen besser kennenlernen. Und das war auch der Grund dafür, dass unser Treffen ausgerechnet in diesem Museum stattfand.

Auf dem Rückweg machten wir in Dolní Žandov [Untersandau] Halt, wo ich Gelegenheit hatte, Joan, dieser sympathischen, umgänglichen und sehr lebendigen Dame, die unsere Gegend mit einer Dolmetscherin im Schlepptau bereist, einige Fragen zu stellen.

Amerika ist ja ganz schön weit weg, wenn man in Böhmen nach seinen Vorfahren suchen will. Wie stellen Sie das an?

Joan Naomi Steiner

Das Interview mit Zdeněk Buchtele in derselben Ausgabe der *Mariánskolázeňské Noviny*.

Zunächst einmal sollte ich sagen, dass wir in meiner Familie immer gedacht haben, unsere Vorfahren seien aus Deutschland gekommen (und ihre Namen waren ja sogar deutsch). Erst vor relativ kurzer Zeit habe ich dann herausgefunden, dass wir tatsächlich aus Böhmen stammen, und das hat dann mein Interesse geweckt. Ich nahm letztes Jahr über das Internet Kontakt mit einem amerikanischen Verein auf, der heißt „Nationale Gesellschaft für das tschechisch-deutsche Erbe" [gemeint ist die *German Bohemian Heritage Society*].

Letztes Jahr habe ich dann zusammen mit diesem Verein die Gegend hier zum ersten Mal persönlich besucht. Da wusste ich dann schon, dass meine Familie aus der Gegend von Ovesné Kladruby [Habakladrau] stammte. Ich habe die Bürgermeisterin Aurelie Skřivanová getroffen und ein Buch über dieses Dorf gesehen. Meine Vorfahren kamen aus dem Dorf Vysočany [Wischezahn]. Adalbert Steiner wanderte im Jahr 1856 nach Amerika aus. (Vysočany verschwand, wie so viele Dörfer in der Region. Nur ein einziges Bauernhaus, schon fast halb verfallen, blieb noch stehen. Zufälligerweise gehörte genau dieses Haus [einem Cousin von] Adalbert Steiner. Heute ist dieses Bauernhaus beinahe vollständig renoviert worden.) Interessanterweise haben die Auswanderer in Amerika dann ein ganz neues Dorf „auf der grünen Wiese" errichtet.

Das Land dafür gewannen sie dem Wald ab. Ein zweiter Familienzweig der Steiners blieb jedoch in Böhmen. Joan gehört zur vierten [tatsächlich zur dritten] in Amerika geborenen Generation; in Ovesné Kladruby fand sie ein Grab ihres Vorfahren Franz Joseph Steiner. Sie sagt, sie finde es aufregend, dass die Steiner aus dieser Gegend stammten. Sie mag die Landschaft, aber auch die freundlichen, offenen Menschen. Die Informationen, die sie hier sammelt, wird sie sorgfältig ordnen und zusammen mit den Fotos, die sie gemacht hat, aufarbeiten. Es war mir eine große Freude, eine Person zu treffen, die Tausende Kilometer gereist war und nicht nur Zeit, sondern auch einiges an Geld investiert hatte, um mehr über ihre Ahnen zu erfahren. Ich bin froh, dass sie ihre Wurzeln hier gefunden hat und dass alle ihr so bereitwillig geholfen haben.[3]

---

[3] „Jak se hledají kořeny rodu. Joan Naomi Steiner je našla nedaleko Mariánských Lázní", *Mariánskolázeňské Noviny* (Mariánské Lázně), 22. Juni 2018, 6. Jahrgang, S. 3.

Die Menschen in der Gegend erfuhren durch den Zeitungsartikel von meiner Recherche. Als ich 2019 nach Tschechien zurückkehrte, gab es dann noch mehr Einheimische, die bereit waren, sich mit mir zu treffen und mich bei meinen Nachforschungen zu unterstützen. Diese herzliche Aufnahme verdanke ich Jana Drahokoupilová und ihrem Artikel, mit dem sie mich und mein Forschungsinteresse in der Gegend bekannt gemacht hat. Informationen über das von Zdeněk Buchtele eingerichtete Museum findet sich unter: https://www.infocesko.cz/content/zapadoceske-lazne-krusne-hory-zapad-kultura-muzea-regionalni-mini-museum-mansky-dvur-dolni-zandov.aspx/

In derselben Ausgabe ihrer Zeitung veröffentlichte Frau Drahokoupilová noch einen zweiten Artikel, ein Interview mit Zdeněk Buchtele.[4]

Im Mittelpunkt des Interviews stehen Herrn Buchteles Forschungsinteressen und seine langjährige Zusammenarbeit mit Ing. Richard Švandrlík. Die folgende Übersetzung ins Deutsche basiert wiederum auf Marie Zahns Übersetzung des Zeitungsartikels ins Englische:

---

[4] „Zdeněk Buchtele: S Richard Švandrlíkem jsme psali o všem, co se nám podařilo najít", *Mariánskolázeňské Noviny* (Mariánské Lázně), 22. Juni 2018, 6. Jahrgang, S. 7.

Zdeněk Buchtele: Mit Richard Švandrlík habe ich über alles geschrieben, was wir nur finden konnten

Die *Mariánskolázeňské Listy* [„Marienbader Zeitung"] und nach deren Einstellung die *Mariánskolázeňské Noviny* [„Marienbader Nachrichten"] haben immer wieder Artikel von Zdeněk Buchtele abgedruckt und über seine Entdeckungen zur Geschichte unserer Region berichtet. Es ist deshalb höchste Zeit, dass unsere Leser diesen unermüdlichen Lokalhistoriker und -archäologen einmal persönlich kennenlernen.

Haben Sie schon immer in Velká Hled'sebe [Groß Sichdichfür] gelebt?

Geboren bin ich in Mariánské Lázně, aber aufgewachsen bin ich in Drmoul [Dürrmaul] – Schule, dann der Armeedienst, und danach habe ich in Mariánské Lázně gewohnt und seit 1980 dann in Hled'sebe.

Was ist denn ihr Brotberuf?

Das ist das „schwarze Handwerk", wie man so schön sagt [der Schmiede und Schlosser]. Kurzzeitig hab ich als Schlosser gearbeitet und dann für die PBH [eine Wohnungsverwaltungsgesellschaft] in Mariánské Lázně als Installateur. Aber ich habe auch bei „Potraviny Cheb" [Lebensmittelhandel, Eger] als Hausmeister gearbeitet. Nach dem Jahr '90 war ich dann selbstständig, und seit 2010 bin ich in Rente.

Wann haben Sie angefangen, sich für die Geschichte dieser Region zu interessieren? Liegt Ihnen das in den Genen?

Meine Mutter hat sich für Geschichte interessiert, aber hauptsächlich für die Stammbäume von Adelsfamilien und Königshäusern. Vielleicht war das ja die Grundlage für mein eigenes Interesse. Mich hat dann aber eher das Praktische interessiert, das Alltagsleben nicht nur des Adels, sondern der einfachen Leute, von der Vorgeschichte bis ins Mittelalter. Auf diesem Gebiet gab es nämlich ganz große Wissenslücken, und deshalb habe ich mich dafür interessiert. Aktiv dann ab 1973, in dem Jahr habe ich bei der Siedlung Lísovec [Haselhof] ein paar prähistorische Keramikscherben gefunden.

Hatten Sie bei ihrer Erforschung der Gegend ein bestimmtes System?

Da kann man mehrere wichtige Punkte nennen. Bei der Suche nach Wüstungen etwa, nach Ortschaften, die mit der Zeit verschwunden sind, da muss man sich die Stellen ansehen, wo es Wasser gibt. Und man muss schauen, wo die Wege und Pfade hingelaufen sind und wo man Ackerbau betreiben konnte, und wenn es nur kleine Felder waren. Es gab ja auch alte Register, wo Dörfer und Ansiedlungen festgehalten waren. Und da waren die einzelnen Stätten dann mit einer gewissen Systematik aufgeführt, je nach Richtung. Deshalb konnte man, weil ja auch in der Vergangenheit eine gewisse Siedlungsdichte erreicht war, in bestimmten Gegenden mit einiger Wahrscheinlichkeit davon ausgehen, dass man dort noch eine verschwundene Siedlung auffinden würde. Ich habe also schon ein gewisses System, aber oft ist es genauso gut eine Glücksfrage, ob und wann ich mein System dann zur Anwendung bringen kann.

Solange ich denken kann, haben Sie alles immer ganz sorgfältig festgehalten, haben alles ausgemessen und dann Pläne gezeichnet. Worauf haben Sie da am meisten geachtet?

Ja, das stimmt. Wenn man etwas zeichnet, ist das manchmal besser als ein Foto, vor allem, wenn ich die Maße ganz genau festhalten kann. Ich habe sehr viel gezeichnet – Lagepläne, aber auch Zeichnungen von Fundstücken, von Gegenständen. Bei den kleineren Kulturdenkmälern war es einfach praktisch, und oft hat auch die Polizei sich bei mir gemeldet: Wenn irgendwo etwas verschwunden war, dann wollten sie von mir Vergleichsmaterial bekommen, damit sie den Wert der Sachen besser schätzen konnten. Besonders geachtet habe ich auch auf das, was beschädigt oder sogar zerstört war, das hat mir immer leid getan. Oft habe ich dann versucht – nicht immer erfolgreich –, diese Dinge noch zu retten.

Mit wem haben Sie zusammengearbeitet? Hatten Sie da unterschiedliche Rollen?

Leute, mit denen ich zusammengearbeitet habe, gab es viele – aber einer war doch ein besonders guter Kollege. Seit 1974 haben wir andauernd zusammen geforscht. Das war der Herr Ing. Richard Švandrlík. Er war ja Ökonom, eher ein Kopfmensch, und ich war der Praktiker. Er hat mehr Zeit in den Archiven verbracht. Ich war häufiger im Feld unterwegs. Und dann haben wir über alles geschrieben, was wir nur finden konnten. Gegenseitig haben wir uns die Informationen ergänzt und die Texte redigiert.

Haben Sie auch mit der Tschechoslowakischen Akademie der Wissenschaften zusammengearbeitet?

Es war keine direkte Zusammenarbeit, aber viele Publikationen, die von der Akademie veröffentlicht werden, haben immer wieder die Ergebnisse meiner Forschungen verwendet und die Artikel, die ich selbst publiziert habe – und tun das übrigens noch bis heute. Nach 1989 hat der Verein ja dann den Namen geändert und hieß Tschechische Archäologische Gesellschaft bei der Tschechischen Akademie der Wissenschaften, und da war ich ein Mitglied bis zum Jahr 2014.

Mit Herrn Švandrlík zusammen haben sie ja unzählige Beiträge über unsere Region veröffentlicht. Wie viele denn genau?

Mit meinem Kollegen Švandrlík zusammen habe ich etwa 25 Bücher veröffentlicht, dazu noch viele Artikel, auch Zeitungsartikel, und Broschüren. An eigener Forschung kann ich 7 Bücher vorweisen, alle über die Geschichte dieser Gegend hier um Mariánské Lázně.

Ich weiß, dass sie die Gegend um Mariánské Lázně kennen wie ihre Westentasche, und ich weiß auch, dass sie versucht haben, die Burg Vildštejn [Wildstein, bei Franzensbad] zu retten, wenn auch diese Geschichte kein Happy End hatte.

Sie hatte kein Happy End mit Blick auf unsere weiteren Aktivitäten, aber doch ein Happy End für die Burg selbst. Die Instandhaltungsarbeiten, die wir damals fünf Jahre lang geleistet haben, die haben die Burg letztlich gerettet. Ihre Zerstörung wurde abgewendet, und die Burg steht noch heute – wenn sie sich nun auch leider in privater Hand befindet, aber immerhin ist sie der Öffentlichkeit zugänglich und kann besichtigt werden.

Was war ihr interessantester Fund oder ihre interessanteste Entdeckung?

Am interessantesten finde ich einen bearbeiteten Granitbrocken, den ich in einem Hügel ausgegraben habe. Unten ist er geformt wie ein Herz und nach oben hin verändert die Form sich dann zu einem EI. Zwischen den beiden Teilen verläuft so eine dunkle Ader im Gestein. Herz und Ei, das sind ja zwei uralte Symbole für das Leben. Im oberen Teil kann man in einem Relief Christus erkennen, der rundum von einer sogenannten Mandorla umgeben ist, einer Art von mandelförmigen „Ganzkörper-Heiligenschein". Aufgrund dieses Gestaltungselements können wir das Objekt in die Zeit um das Jahr 1000 datieren. Damals gab es solche Mandorlen aber in der Regel nur in Fresken an den Wänden von Kapellen und Kirchen.

Führen Sie denn ihre Forschungsstreifzüge noch immer fort?

Das tue ich, es gibt ja noch genug, was noch nicht entdeckt ist. Ein wenig gebremst hat mich nur die vollständige Neugestaltung der Ausstellung im Museum in Manský Dvůr, wo wir manche von den einzelnen Ausstellungsstücken jetzt zu größeren Gruppen zusammengestellt haben. Deshalb wirkt die Ausstellung jetzt nicht mehr so chaotisch wie früher. Und was mich noch ausbremst ist natürlich das Alter. Man wird ja nicht jünger, und dann kann man sich auch nicht mehr so schnell vom Fleck bewegen wie früher einmal. Ich schreibe aber immer noch über Dinge, die mich interessieren. Es wäre nämlich wirklich schade, wenn die so ganz und gar in Vergessenheit gerieten. Im Moment arbeite ich beispielsweise an einer Geschichte des Dorfes Hamrníky [Hammerhäuseln].
(Das Gespräch führte Jana Drahokoupilová)[5]

Im Jahr 2021 konnte Zdeněk Buchtele noch ein zweites Museum eröffnen; am 4. Juli 2021 ist der unermüdliche Lokalhistoriker im Alter von 70 Jahren verstorben. Seine Arbeiten bleiben von unschätzbarem Wert für alle Einheimischen, die etwas über die Geschichte der Gegend um Marienbad erfahren wollen, und ebenso für alle Nachfahren der früheren Bewohner der Region Marienbad/Tepl. Eine Auswahl der Bücher, die Buchtele zusam-

---

[5] „Zdeněk Buchtele: S Richard Švandrlíkem jsme psali o všem, co se nám podařilo najít", Mariánskolázeňské Noviny (Mariánské Lázně), 22. Juni 2018, 6. Jahrgang, S. 7.

men mit Richard Švandrlík verfasst hat, ist am Ende dieses Kapitels aufgeführt.

Auch andere lokalgeschichtliche Museen im Westen des heutigen Tschechien können uns helfen, ein besseres Verständnis vom Leben der Auswanderer nach Calumet County zu entwickeln. Die folgenden Museen fand ich persönlich ganz besonders informativ:

Regionalgeschichtliche Museen und Heimatmuseen im westlichen Böhmen

Stift Tepl und Klostermuseum

In der Zeit der Feudalherrschaft gebot das Stift Tepl (Teplá) als Grundherr über viele Dörfer seiner Umgebung; auch über etliche der Dörfer, aus denen die Auswanderer nach Wisconsin stammten.[6] Nach einer langen Zeit des Niedergangs und Verfalls, die mindestens von der Niederschlagung des „Prager Frühlings" 1968 bis zur „Samtenen Revolution" von 1989 dauerte, wird die Klosteranlage der Prämonstratenser inzwischen schon seit mehreren Jahren umfassend saniert. In Esslingen am Neckar wurde

---

[6] František Palacký, Popis Králowstwí českého, čili, Podrobné poznamenání wšech (1848), S. 402–403.

1995 der Verein „Freunde von Stift Tepl" gegründet, der es sich zum Ziel gesetzt hat, die Sanierungs- und Restaurierungsarbeiten an der Klosteranlage zu unterstützen – und auch die deutsch-tschechische Verständigung. Mitglieder des Vereins leben in Deutschland, Tschechien, der Schweiz, den Vereinigten Staaten und Chile. Letztlich geht es dem Verein nicht nur um die physische Wiederherstellung des Stifts Tepl, sondern auch um eine Art von „spirituellem Wiederaufbau". Deshalb ist es dem Verein auch so wichtig, Menschen auf beiden Seiten der Grenze zusammenzubringen. Mehr über die Aktivitäten des Vereins und die Sanierungsvorhaben findet man auf der Website https://www.freunde-stift-tepl.eu/.

Auf dem Klostergelände und im Klostermuseum werden Führungen in vielen Sprachen angeboten, natürlich auch auf Deutsch und Englisch. Tatsächlich gehört ein Besuch des Museums zur Besichtigung dazu. Hier wird die lange Geschichte des Klosters greifbar, die bis in das Jahr 1193 zurückreicht. Im Besucherzentrum sind Postkarten und Broschüren über das Kloster erhältlich, letztere auch auf Deutsch und Englisch.

In den alten Stallungen von Stift Tepl, die unter der sowjetischen Besatzung als Kasernengebäude benutzt wurden, ist heute ein

Hotel untergebracht. Im Restaurant können sich die Besucher mit einem Mittag- oder Abendessen stärken. Dieses Hotel stellt einen idealen Stütz- und Ausgangspunkt für Familienforscher dar, die etwa die Klosterbibliothek nutzen wollen – die zweitgrößte historische Bibliothek in ganz Tschechien – oder die umliegenden Dörfer erkunden möchten. (Für die Nutzung der Bibliothek muss man sich allerdings rechtzeitig vorher anmelden.) Die Website des Hotels ist https://hotelklastertepla.cz/.

Städtisches Museum Marienbad

Das Stadtmuseum von Marienbad ist im ältesten Haus des historischen Teils von Marienbad untergebracht. Das Gebäude wurde 1818 als Pension für Kurgäste errichtet und „Zur Goldenen Taube" genannt. Johann Wolfgang von Goethe, der sich ja wiederholt in Marienbad aufhielt, wohnte hier 1823. Das Museum wurde 1887 gegründet und befindet sich seit 1953 an seinem heutigen Ort.

Die Besucher können sich eine Filmvorführung in deutscher oder englischer Sprache ansehen. In dem Film wird der geschichtliche Hintergrund des Kurortes und der ganzen Region erläutert. Ein Raum des Museums zeigt Porträts von berühmten Gästen des vormaligen Kurhotels „Zur Goldenen Traube", darunter Goethe,

Antonín Dvořák und der englische König Eduard VII. Die Ausstellung zu den Themen Medizin- und Kurgeschichte und Mineralien aus der Region sowie die Modelle, mit denen die Lebenswelt früherer Zeiten lebendig gemacht wird, sind durchweg sehr informativ. Auf der Internetseite des Stadtmuseums unter https://www.marianskelazne.cz/de/sehenswertes/stadtmuseum/ sind auch Fotos von einigen Teilen der Ausstellung zu sehen.

Bund der Deutschen - Landschaft Egerland / Svaz Němců - region Chebsko

Diese Interessenvertretung der in Tschechien verbliebenen „Bürger deutscher Nationalität" betreibt ein Heimatmuseum in Eger (Cheb), etwa eine Autostunde nordwestlich von Marienbad. Zur Ausstellung gehören Möbel und andere Einrichtungsgegenstände aus deutschböhmischem Familienbesitz. Bücher zum Thema können dort auch erworben werden. Der BdD bietet zudem Deutschkurse für Einheimische mit tschechischer Muttersprache an, richtet aber auch Feste und andere Veranstaltungen aus und gibt ein monatlich erscheinendes Mitteilungsblatt über aktuelle Aktivitäten und Veranstaltungen heraus. Weitere Informationen gibt es im Internet unter https://www.egerlaender.cz/wir-ueber-uns

Joan Naomi Steiner

Bücher in tschechischer Sprache über die Dörfer der früheren deutschen Bevölkerung

Zdeněk Buchtele und Richard Švandrlík haben für zahlreiche Dörfer Westböhmens Dorfgeschichten veröffentlicht, vor allem für Dörfer in der Umgebung von Marienbad und Tepl. Jedes Buch beginnt mit der Frühgeschichte des jeweiligen Dorfes und seiner Umgebung und schreitet dann bis in die Gegenwart voran. Auf den Lageplänen der einzelnen Dörfer sind Hausnummern und Familiennamen eingetragen. Schwarzweiß- bisweilen auch Farbfotos der jeweiligen Dorfkirche, von Wohnhäusern, Straßen und Dorfbewohnern illustrieren das Leben in den Dörfern.

In den hier aufgeführten Büchern – einer Auswahl aus dem großen gemeinsamen Werk von Buchtele und Švandrlík – werden die Herkunftsdörfer der namentlich bekannten deutschböhmischen Einwanderer in das Calumet County von Wisconsin vorgestellt.

Buchtele, Zdeněk und Richard Švandrlík, *Krajem Kolem Podhory* [„Rund um den Podhorn"]. Planá u Mariánských Lázni [Plan]: Verlag K-Print, Druckerei Tiskárna Kňourek, 2009.

In der Gegend um den Berg Podhorn liegen mehrere Dörfer, die zum Kirchsprengel Habakladrau gehörten:

Der deutsche Name für *Zádub* ist *Hohendorf*. Aus Hohendorf emigrierte 1882 die Familie **Schusser.**

Der deutsche Name für *Závisín* ist *Abaschin*. Zu den Familien, die ab 1855 aus Abaschin auswanderten, gehörten die Familien **Bröckel (Bröckl), Denk** und **Reinl**.

Der deutsche Name für *Milhostov* ist *Müllestau*. Von dort wanderten ab 1855 unter anderen die Familien **Huttl, Windirsch** und **Wurtinger** aus.

Das Buch umfasst 216 Seiten, zusätzlich noch einen Bildteil mit Farbfotos.

Buchtele, Zdeněk und Richard Švandrlík, *Mnichov městečko u Marianských Lázni* [„Stadt Einsiedl bei Marienbad"]. Planá u Mariánských Lázni [Plan]: Verlag K-Print, Druckerei Tiskárna Kňourek, 2010.

Der deutsche Name für Mnichov ist Einsiedl im Kaiserwald. Die Stadt ist der Hauptort einer Gemeinde (Kirche Peter und Paul von 1725), zu der heute noch zwei weitere Ortsteile gehören: Rájov (deutsch Rojau) und Sítiny (Rauschenbach im Kaiserwald). Zu den Familien, die ab 1853 aus Einsiedl emigrierten, gehörten die Familien **Christel, Gröschel (Gröschl), Löb, Pimpl, Rudrich, Schurwon, Treml, Utschig, Zitterbart** und **Zucker**.

Das Buch umfasst 222 Seiten, zusätzlich noch einen Bildteil mit Farbfotos.

Buchtele, Zdeněk und Richard Švandrlík, *Ovesné Kladruby a zaniklé obce Vysočany a Výškovice* [„Habakladrau und die nicht mehr existierenden Dörfer Wischezahn und Wischkowitz"]. Planá u Mariánských Lázní [Plan]: Verlag K-Print, Druckerei Tiskárna Kňourek, 2012.

> Der deutsche Name für Ovesné Kladruby ist Habakladrau; das Dorf war Hauptort eines Kirchsprengels. Zu den Familien, die ab 1855 von hier auswanderten, gehörten die Familien **Degl, Hammer, Hanika, Kogerer, Lodes, Neubauer, Pop, Rosner, Rott, Rummer, Schneider, Schusser, Steidl** und **Turba**.
>
> Zwei weitere Dörfer werden behandelt:
>
> Der deutsche Name für Vysočany ist Wischezahn. Von hier emigrierten ab 1856 unter anderem Mitglieder der Familien **Arbes, Lodes, Schmidt, Steiner** und **Zepnick**.
>
> Der deutsche Name für Výškovice ist Wischkowitz. Von hier wanderten im Jahr 1856 unter anderem Mitglieder der Familien **Gintner (Güntner), Nadler** und **Zepnick** aus.
>
> Das Buch umfasst 182 Seiten, zusätzlich noch einen Bildteil mit Farbfotos.

Buchtele, Zdeněk und Richard Švandrlík, *Rájov Historie a památky* [„Rojau: Geschichte und Denkmäler"]. Planá u Mariánských Lázní [Plan]: Verlag K-Print, Druckerei Tiskárna Kňourek, 2011.

> Der deutsche Name für *Rájov* ist *Rojau* (oder Royau), das Dorf bekam 1788/89 eine eigene Kirche (Johannes und Paul). Zu den Auswanderern aus Rojau gehörten ab 1854 Mitglieder der Familien **Kardinal (Cardinal), David, Egerer, Fischbach, Fischer, Hammer,**

Kutzer, Leitner, Lenz, Lodes, Miller, Nadler, Pimpl, Popp, Rahmer (Rahma), Schreck, Schierl und **Turba**.

Das Buch umfasst 120 Seiten, mit Farbfotos vorn und hinten auf dem Umschlag.

Buchtele, Zdeněk und Richard Švandrlík, *Sítiny Historie a Památky* [„Rauschenbach: Geschichte und Denkmäler"]. Planá u Mariánských Lázní [Plan]: Verlag K-Print, Druckerei Tiskárna Kňourek, 2011.

Der deutsche Name für Sítiny ist Rauschenbach; das Dorf gehörte zum Kirchsprengel Einsiedl. Aus Rauschenbach wanderten unter anderem die Familien **David**, **Nadler**, **Niemochl**, **Schmidt** und **Wurtinger** aus.

Das Buch umfasst 111 Seiten, mit Farbfotos vorn und hinten auf dem Umschlag.

Buchtele, Zdeněk und Richard Švandrlík, *Historie a Památky Obcí Vlkovice a Martinov* [„Geschichte und Denkmäler der Dörfer Wilkowitz und Martinau"]. Planá u Mariánských Lázní [Plan]: Verlag K-Print, Druckerei Tiskárna Kňourek, 2012.

Der deutsche Name für Vlkovice ist Wilkowitz. Das Dorf gehörte zum Kirchsprengel Pistau. Unter den Auswanderern aus Wilkowitz ab 1855 waren Mitglieder der Familien **Schicker**, **Schmidt**, **Schmiedl** und **Schott**.

Der deutsche Name für Martinov ist Martinau. Auch dieses Dorf gehörte zum Kirchsprengel Pistau. Aus Martinau emigrierten ab 1856 beispielsweise die Familien **Hiederer** und **Pfrogler**.

Das Buch umfasst 108 Seiten, zusätzlich noch einen Bildteil mit Farbfotos.

Die tschechischen Heimatforscher und Lokalhistoriker, aber auch die Museen vor Ort und die Bücher zum Thema in tschechischer Sprache sind wertvolle Quellen, wenn man mehr über die Dörfer und das Alltagsleben der Amerika-Auswanderer erfahren möchte, die sich später im Calumet County von Wisconsin niederließen. Genauso wichtig ist es aber wohl, dass wir etwas über das Schicksal derjenigen Familienmitglieder erfahren, die damals nicht aus der Gegend ausgewandert sind. Die Geschichte Westböhmens am Ende des Zweiten Weltkriegs zeigt uns, warum wir unsere Recherche in Deutschland fortsetzen müssen, um dort lebende Nachfahren und Verwandte aufzuspüren und weitere Informationen über unsere gemeinsamen Vorfahren und deren Heimatdörfer in der heutigen Tschechischen Republik zu sammeln.

Chapter 10

Informationsquellen in Deutschland: Familienforschungsverbände, landsmannschaftliche Museen und Bücher

Zum Hintergrund

Mit dem Ende des Zweiten Weltkriegs begann die Vertreibung der deutschsprachigen Bevölkerung aus Teilen der Tschechoslowakei – dem vormals österreichischen Böhmen und Mähren – sowie aus anderen deutschen oder deutsch besetzten „Ostgebieten", die nun an Polen, Ungarn, Jugoslawien und Rumänien gingen. Die Zahl der Menschen, die in diesem Zusammenhang dauerhaft aus ihrer Heimat vertrieben wurden, wird in der Forschung auf 12 bis 14 Millionen geschätzt.[1] Auch die deutschböhmische Bevölkerung der Gegend von Marienbad und Tepl blieb hiervon nicht ausgenommen.

---

[1] R.M. Douglas, *„Ordnungsgemäße Überführung". Die Vertreibung der Deutschen nach dem Zweiten Weltkrieg*, übers. v. Martin Richter (München: C. H. Beck, 2012), S. 1. Originalausgabe: *Orderly and Humane. The Expulsion of the Germans after the Second World War* (New Haven: Yale University Press).

Von jetzt auf gleich wurden die Menschen angewiesen, ein paar wenige Habseligkeiten zusammenzupacken, bevor man sie in Züge packte und „heim" in das weitgehend zerstörte Deutsche Reich verfrachtete.² Allein aus dem Kreis Tepl-Petschau fuhren 14 Züge ab, mit denen Tausende von deutschsprachigen Einwohnern ausgewiesen wurden. Viele, die aus der Umgebung von Marienbad vertrieben wurden, landeten in Deutschland in der Gegend von Butzbach in Hessen. Alle brauchten sie natürlich Nahrung, eine erste Unterkunft – und dann ein neues Zuhause.³

Diese deutschen Heimatvertriebenen, die Sudetendeutschen, mussten in ihrem neuen Leben hart arbeiten und viel erdulden. Aber sie organisierten sich und beschlossen die Geschichten ihrer Familien und Dörfer, die Geschichte ihrer Herkunftsgegend festzuhalten und auch ihre persönlichen Erinnerungen an die geliebte Heimat für die Nachwelt festzuhalten. Die Sudetendeutschen haben in ihrem neuen Leben mehr geleistet, als irgend jemand für möglich gehalten hätte.

Zwei deutsche Forschungsorganisationen setzen sich ganz maßgeblich durch Materialien, Publikationen und Hilfestellung dafür ein ‚dass die Sudetendeutschen und ihre Nachfahren ihre

---
² Douglas, *„Ordnungsgemäße Überführung"*, 1.
³ Douglas, *„Ordnungsgemäße Überführung"*, 1.

Verbindung zur „alten Heimat" und zu den anderen Vertriebenen aufrechterhalten können. Diese sudetendeutschen Organisationen sind auch für amerikanische Familienforscher eine große Hilfe, deren Vorfahren aus dem westlichen Böhmen nach Calumet County (Wisconsin) ausgewandert sind.

Deutsche Familienforschungsverbände und Forschungsbibliotheken bzw. Archive

Arbeitsgemeinschaft Ostdeutscher Familienforscher e. V. (AGoFF)

Die AGoFF at weltweit mehr als 800 Mitglieder, die das Interesse an der Familiengeschichte und der Regionalgeschichte der historischen deutschen Siedlungsgebiete im mittel- und osteuropäischen Raum verbindet. Die AGoFF bietet ihren Mitgliedern diverse Publikationen und Datenbanken zur Recherche an. Auch Amerikaner und alle anderen, deren Vorfahren aus Mittel- und Osteuropa kamen, können gern Mitglieder werden. Nähere Informationen zur Mitgliedschaft finden sich auf der Website https://agoff.de/.

Vereinigung Sudetendeutscher Familienforscher e. V. (VSFF)

Die VSFF fördert die Familien- und Lokalgeschichtsforschung sowie heraldische Studien im Zusammenhang mit den historischen Regionen Böhmen, Mähren und Österreichisch-Schlesien. Die Vereinigung verfügt über Quellenmaterial sowohl in Papier- als auch in digitaler Form. Die VSFF-Datenbank ist eine große Hilfe, wenn man Familien und Herkunftsdörfer aufspüren möchte. Auch hier sind Interessenten aus den Vereinigten Staaten und von anderen Orten, die ihre mittel- und osteuropäischen Familiengeschichte erforschen möchten, herzlich zur Mitgliedschaft eingeladen. Nähere Informationen zur Mitgliedschaft finden sich auf der Website https://www.sudetendeutsche-familienforscher.de/.

Haus des Deutschen Ostens (HDO)

Die Ziele, die das HDO mit seiner Arbeit verfolgt, sind auf der Website https://hdo.bayern.de/ueber/publikationen/index.php#/ erläutert:

> Das Haus des Deutschen Ostens hat die Aufgabe,
> • als Kultur-, Bildungs- und Begegnungseinrichtung im Sinne des § 96 des Bundesvertriebenengesetzes (BVFG) den Beitrag der früheren deutschen Staats- und Siedlungsgebiete im Osten und Südosten Europas zur gemeinsamen deutschen Kultur zu pflegen und fortzuentwickeln,

- in Bereichen mit europapolitischem Bezug tätig zu werden und damit eine Brückenfunktion für das Verhältnis des Freistaates Bayern insbesondere zu Ostmitteleuropa und Osteuropa wahrzunehmen,
- deutsche Minderheiten in ihren Heimatländern beim Erhalt ihrer kulturellen Identität zu unterstützen und dadurch ihre Rolle als Mittler der Verständigung zwischen der Bundesrepublik Deutschland und seinen östlichen Nachbarn zu stärken,
- Veranstaltungen gemäß § 96 BVFG selbst oder in Zusammenarbeit mit anderen Veranstaltungsträgern durchzuführen,
- die Vermittlung der Kenntnisse über Ostmittel- und Osteuropa im Bereich der Erwachsenen-, Hochschul- und Jugendbildung zu unterstützen und zu stärken,
- als Fördereinrichtung Verbände, Einrichtungen und Einzelmaßnahmen nach § 96 BVFG im In- und Ausland zu unterstützen.

Das Haus des Deutschen Ostens ist eine nachgeordnete Behörde des Bayerischen Staatsministeriums für Familie, Arbeit und Soziales

Das HDO veröffentlicht eine regelmäßig erscheinende Zeitschrift, das HDO-Journal. Ältere Ausgaben können ab dem Jahrgang 2004 online über die Website https://hdo.bayern.de/ eingesehen werden. Die Adresse und Kontaktinformation der Einrichtung sind wie folgt:

Haus des Deutschen Ostens
Am Lilienberg 5
81669 München
Telefon 089/44 99 93 – 0
Fax 089 / 44 99 93 – 250
E-Mail poststelle@hdo.bayern.de

Bayerisches Hauptstaatsarchiv

Auch das Bayerische Hauptstaatsarchiv befindet sich in München. Im Lesesaal können offizielle Dokumente wie Urkunden, Akten und Messtischblätter eingesehen werden. Zur Nutzung muss ein Termin vereinbart werden.

Für die Zeit nach 1876 wird den Interessenten geraten, bei der Recherche nach einer bestimmten Person mit den Unterlagen zu beginnen, die in den Standesämtern der jeweiligen Wohnorte angelegt wurden. Für die Zeit vor 1876 empfiehlt es sich, stattdessen auf die Tauf-, Heirats- und Sterberegister in den Kirchenbüchern zurückzugreifen.

Die Website des Archivs ist https://www.gda.bayern.de/die-staatlichen-archive-bayerns/. Anfragen können an die folgende Adresse gerichtet werden:

Generaldirektion der Staatlichen Archive Bayerns
Bayerisches Hauptstaatsarchiv
Schönfeldstraße 5
80539 München

– oder per E-Mail an poststelle@bayhsta.bayern.de

Foto 207: *Großer Bilderständer in den Grenzland-Heimatstuben in Neualbenreuth*[4]

Heimatstuben und Heimatmuseen in Deutschland

Die Sudetendeutschen richteten „Heimatstuben" ein, vor allem in Deutschland, um auch nach ihrer Vertreibung weiter ihre Er-

---
[4] Oswald Egerer und Karl Wach, *Kirchsprengel Habakladrau Mit den Orten Abaschin, Hohendorf, Müllestau, Wischezahn, Wischkowitz im Tepler Hochland.* (München: Erstauflage 1993, Neuauflage 2007), S. 288.

innerungen an das Familienleben in der alten Heimat austauschen zu können, an die Dörfer und den Alltag, den ihre Ahnen schon gekannt hatten und den sie nun zurücklassen mussten. Diese kleinen Heimatmuseen beleuchten auch die gemeinsame Herkunft der sudetendeutschen Vertriebenen in Deutschland und der deutschböhmischen Einwanderer im Calument County von Wisconsin.

Grenzland-Heimatstuben des Heimatkreises Marienbad, Bad Neualbenreuth

Die Grenzland-Heimatstuben in Bad Neualbenreuth widmet sich dem Heimatkreis Marienbad. Bad Neualbenreuth liegt in der Oberpfalz direkt an der deutsch-tschechischen Grenze, nur etwa 15 Kilometer Luftlinie von Marienbad entfernt. In einem eindrucksvollen Teil der Ausstellung werden zwei Dörfer in Modellbau-Rekonstruktionen gezeigt. Ein weiterer wichtiger Bestandteil der Ausstellung sind insgesamt 60 Informationstafeln, auf denen jeweils ein Dorf aus dem Marienbader Umland vorgestellt wird. Jede dieser Tafeln enthält Fotografien, Ansichtskarten und andere historische Informationen über das jeweilige Dorf.

Das Foto auf der folgenden Seite zeigt die Bad Neualbenreuther Informationstafeln, die je nach Interesse durchgeblättert werden können.

In einem anderen Raum der Ausstellung ist eine Küche bzw. Stube aus dem Egerland aufgebaut: mit originalen Möbeln, Kleidungsstücken, Dekorationsobekten und Werkzeugen. Ein weiterer Ausstellungsraum enthält Heiligenbilder und andere religiöse Devotionalien.

Tachauer Heimatuseum, Weiden

Das Tachauer Heimatmuseum in Weiden/Oberpfalz vermittelt einen Eindruck vom Leben der deutschböhmischen Bevölkerung in der Region Tachau. Neben der „guten alten Zeit" wird auch die Zeit der Vertreibung nach dem Zweiten Weltkrieg berücksichtigt. Tachau liegt etwa 30 Kilometer südlich von Marienbad, Weiden etwa 50 Kilometer in südwestlicher Richtung von Tachau entfernt jenseits der Grenze. Zwischen März und Oktober 1946 wurden rund 25 000 Menschen in 21 Transporten aus der Tachauer Gegend vertrieben. Nähere Informationen zur Vertreibung aus Tachau und seinem Umland findet man online unter https://www.tachau.de/d/museum/vertreibung/.

Das Museum in Weiden erzählt diese Geschichte ebenfalls und kann zur Illustration auf einen reichen Fundus von Trachten und Volkskunst zurückgreifen. Die Frau in der Mitte der Abbildung auf der vorangegangenen Seite ist eine Braut, die nach der dama-

Hochzeitstrachten, die mit Glasschmuck verziert sind.[5]

ligen Sitte in schwarz gekleidet war. Die Trachtenhauben der Frauen sind mit kleinen Glasperlen verziert, die damals auf den Dörfern der Gegend hergestellt wurden.

Das gelebte Museum, Mähring

Der Markt Mähring im Oberpfälzer Landkreis Tirschenreuth liegt unmittelbar an der Grenze zu Tschechien. Der Grenzübergang spielte insbesondere in der Zeit der Verteibung nach dem Zweit-

---

[5] Hochzeitstrachten mit Hauben, die mit Glasschmuck verziert sind. Foto: Dr. Joan Naomi Steiner (Adresse auf Anfrage).

en Weltkrieg sowie bei der „Samtenen Revolution" 1989 eine wichtige Rolle. Im Museum, das im alten Schul- und Rathaus der Gemeinde untergebracht ist, findet sich eine eindrucksvolle Foto-Dokumentation über die Grenzöffnung 1989.

Modelle von „verschwundenen Dörfern" und Ausstellungsstücke aus der Gegend verdeutlichen den besonderen Charakter des Grenzortes in früheren Zeiten. Die Abbildung auf der folgenden Seite zeigt Modelle von Bauernhöfen und Szenen aus den verschwundenen Dörfern. Nähere Informationen zum Museum findet man online unter https://www.maehring.de/museen/.

Das „Gelebte Museum" in Mähring ist eines von zwölf Museen im Landkreis Tirschenreuth die sich (auch) mit dem Leben der deutschböhmischen Bevölkerung in ihrer alten Heimat befassen. Ich empfehle deshalb auch die Website, auf der man sich über alle zwölf Museen eingehend informieren kann: https://daszwoelfer.de/de/das-zwoelfer/.

Sudetendeutsches Museum, München

Das Sudetendeutsche Museum in München wurde im Oktober 2020 eröffnet. Führungen durch die ständige Ausstellungen und die Sonderausstellungen werden angeboten.

Die folgende Beschreibung stammt von der Museums-Website unter https://www.sudetendeutsches-museum.de/:

„Das Sudetendeutsche Museum ist das zentrale Museum der deutschsprachigen Bevölkerung in den böhmischen Ländern. Seine Dauerausstellung spannt einen Bogen über 1100 Jahre Geschichte, Kunst- und Kulturgeschichte, dargestellt in authentischen Objekten aus seinen Sammlungen, auf einer Ausstellungsfläche von 1200 Quadratmetern."

Das Sudetendeutsche Museum befindet sich hier: Hochstraße 10, 81669 München. Per E-Mail kann das Museum unter der Adresse info@sudetendeutsches-museum.de erreicht werden.

Ein Modell eines verschwundenen Dorfes[6]

---

[6] Verschwundenes Dorf, Foto: Dr. Joan Naomi Steiner (Adresse auf Anfrage).

Heimatvereine/Landsmannschaften und Heimatbriefe

Eine weitere wertvolle Informationsquelle sind die sudetendeutschen Heimatvereine bzw. Landsmannschaften mit ihren jeweiligen Heimatbriefen. In diesen finden sich Beiträge über die Herkunftsdörfer und das Leben vor der Vertreibung. Noch lebende Mitglieder sind mit ihren Geburtstagen aufgeführt, oft auch mit Privatadressen. Auch Todesanzeigen finden sich hier. Regelmäßige Treffen und Feiern werden angekündigt. Auf diesem Weg erhält man sowohl eine historische Perspektive als auch einen Einblick in das sudetendeutsche Leben in der Gegenwart.

Bund der Deutschen – Landschaft Egerland (BdD-LE)

Der „Bund der Deutschen" ist ein Dachverband der verbliebenen Bürger deutscher Nationalität in der Tschechischen Republik. Die Abteilung Egerland vertritt seit der Gründung im Jahr 1991 die Belange der deutschen Volksgruppe im Egerland und die Pflege der Egerländer Kultur in Tschechien. Auf Tschechisch heißt die Abteilung „Svaz Němců - region Chebsko z.s.". Ansprechpartner für den Heimatbrief ist der Vorsitzende Alois Franz Rott, der per E-Mail unter der Adresse bgzeger@seznam.cz erreicht werden kann. Informationen über regelmäßige Treffen und weitere Veranstaltungen findet man auch online unter http://www.egerlaender.cz/.

Heimatkreis Plan-Weseritz e. V.

Aktuelle Kontaktinformationen für den Heimatkreis Plan-Weseritz e. V. findet man online unter https://www.plan-weseritz.de/.

Heimatverband der Marienbader Stadt und Land e. V.

Der Heimatverband der Marienbader Stadt und Land e. V. gehört dem Bundesverband der Sudetendeutschen Landmannschaft e. V. an; Sitz ist München.

Franz Pany war von 1991 bis zu seinem Tod im Jahr 2021 der Vorsitzende des Heimatverbandes. Im Februar 2020 habe ich ihn in seinem Büro in München besucht.

Herrn Dr. Gert Reiprich, der dieses Treffen organisiert hat, bin ich dafür sehr fankbar. Ich gab Herrn Pany einen Überblick über die Forschung zur Auswanderung aus dem Raum Tepl/Marienbad in das Calumet County ab etwa 1850 und erzählte ihm auch von meinen Recherchereisen zum Heimattreffen im Heiligenhof in Bad Kissingen im Juni 2019 und zum Bartholomäusfest in Pis-

Frau Dr. Steiner aus Wisconsin (USA) besuchte den Heimatverband

Zu einem kurzen Besuch beim Heimatverband der Marienbader kam Frau Dr. Steiner im Februar zum Vorsitzenden des Heimatverbandes.

Seit letztem Jahr versucht Frau Dr. Steiner die Geschichte ihrer Vorfahren und weiterer Bewohner aus Wischezahn/Habakladrau zu rekonstruieren.

Für Ihre Nachforschungen und zum Kennenlernen der Landsleute hat Frau Dr. Joan Naomi Steiner bereits letztes Jahr u.a. das Treffen auf dem Heiligenhof und das Pfarrfest in Pistau besucht. Auch dieses Jahr wird sie versuchen, den Kontakt zu pflegen.

Der Heimatverband wird die Arbeiten von Frau Dr. Steiner unterstützen.

Der Vorsitzende des Marienbader Heimatverbandes Franz Pany im Gespräch mit Frau Dr. Steiner aus den USA.

Wer den Heimatbrief liest, ist informiert!

Mein Treffen mit Franz Pany in München[7]

---

[7] „Frau Dr. Steiner aus Wisconsin (USA) besuchte den Heimatverband", Marienbad-Tepler Heimatbrief. Zugleich Mitteilungsblatt des Heimatverbandes der Marienbader Stadt und Land e. V. (März 2020), S. 86.

tov (Pistau) im August 2019.

Für die März-Ausgabe des Marienbad-Tepler Heimatbriefes schrieb Herr Pany eine Meldung über einen Besuch. Dort heißt es auch, dass der Heimatverband der Marienbader meine Forschung zur Auswanderung nach Amerika unterstütze.

Zusammenfassend kann man sagen, dass die Sudetendeutschen sich in ihrer neuen Heimat organisiert haben, um die Erinnerung an ihre alte Heimat aufrechtzuerhalten – durch Familienforschungsverbände und Museen bzw. Heimatstuben, durch Landsmannschaften, Heimatverbände und Heimatbriefe. Ihre mühevolle, mit viel Hingabe an die Sache getane Arbeit, mit der die Erinnerung an die Heimat und die Geschichte ihrer Familien am Leben gehalten werden soll, hat für jeden, der die deutschböhmische Geschichte der eigenen Familie erforschen möchte, Informationsquellen von unschätzbarem Wert geschaffen.

Von der Erforschung der Vergangenheit einmal abgesehen, sind so auch die Grundlagen geschaffen, um einen Kontakt zwischen den Nachfahren der Auswanderer nach Calumet County und den Nachfahren jener herzustellen, die damals nicht emigrierten und deren Familien später als Sudetendeutsche aus ihrer Heimat vertrieben wurden.

Bücher in deutscher Sprache über die Dörfer der früheren deutschen Bevölkerung

Egerer, Oswald und Karl Wach, *Kirchsprengel Habakladrau Mit den Orten Abaschin, Hohendorf, Müllestau, Wischezahn, Wischkowitz im Tepler Hochland.* München 1993 (Neuauflage 2007).

Zum Kirchsprengel Habakladrau gehörten die Dörfer Habakladrau, Abaschin, Hohendorf, Müllestau, Wischezahn und Wischkowitz. Der Band liefert für jedes Dorf eine kurze historische Skizze. Auf den Lageplänen sind jeweils die Hausnummern verzeichnet. Zu jeder Hausnummer werden die Bewohner im Laufe der Zeit aufgeführt; diese Listen reichen in einigen Fällen bis Mitte und Anfang des 17. Jahrhunderts zurück. Der Band enthält auch Schwarzweißfotos von früheren Bewohnern, ihrem Alltagsleben und ihren Festen.

Zu den Familien, die ab 1855 aus Habakladrau auswanderten, gehörten die Familien **Degl, Hammer, Hanika, Kogerer, Lodes, Neubauer, Pop, Rosner, Rott, Rummer, Schneider, Schusser, Steidl** und **Turba**.

Aus Abaschin emigrierten ab 1855 die Familien **Broeckel, Denk** und **Reinl**.

Die Familie **Schusser** wanderte 1882 aus Hohendorf aus.

Unter denen, die ab 1855 aus Müllestau emigrierten, waren die Familien **Huttl, Windirsch** und **Wurtinger**.

Aus Wischezahn wanderten ab 1856 unter anderem die Familien **Arbes, Lodes, Schmidt, Steiner** und **Zepnick** aus.

Die Familien **Gintner (Güntner)**, **Nadler** und **Zepnick** wanderten 1856 aus Wischkowitz aus.

Das Buch umfasst 297 Seiten.

Egerer, Oswald, Franz Hüttl und Franz Pany (Hg.), *Kirchsprengel Pistau im Heimatkreis Marienbad: Geschichte und Chronologische Aufzeichnungen von den Orten: Pistau, Martnau, Hollowing, Untergramling, Kuttnau, Wilkowitz*. Bad Homburg v. d. H./München: Heimatverband der Marienbader Stadt und Land e. V., um 1990.

Zum Kirchsprengel Pistau gehörten die Dörfer Pistau, Martnau, Hollowing, Untergramling, Kuttnau und Willkowitz. Der Band liefert für jedes Dorf eine kurze historische Skizze. Auf den Lageplänen sind jeweils die Hausnummern verzeichnet. Zu jeder Hausnummer werden die Bewohner im Laufe der Zeit aufgeführt; diese Listen reichen in einigen Fällen bis Mitte und Anfang des 17. Jahrhunderts zurück. Der Band enthält auch Schwarzweißfotos von früheren Bewohnern, ihrem Alltagsleben und ihren Festen.

Aus Martnau wanderten ab 1856 Angehörige der Familien **Hiederer** und **Pfrogler** aus.

Aus Wilkowitz emigrierten ab 1855 Angehörige der Familien **Schicker**, **Schmidt**, **Schmiedl** und **Schott**.

Das Buch umfasst 302 Seiten.

Familienbücher liefern wichtige Informationen für die genealogische Recherche. In den böhmischen Herkunftsgemeinden waren es oft Gemeindepfarrer, die neben den Kirchenbüchern auch Familienbücher führten. Diese Bücher wurden von staatlichen Stellen nicht archiviert, weil man sie als für weniger wichtig hielt als die offiziellen Aufzeichnungen in den Kirchenbüchern. Etliche Familienbücher sind jedoch erhalten geblieben und stellen unschätzbare Quellen dar, insbesondere in Sachen Auswanderung. Detailliert ist darin aufgeführt, wer in welchem Haus lebte, und zwar oft vom frühen 17. Jahrhundert bis in die Zeit der Vertreibung ab 1945.

In Familienbüchern findet man Informationen über Besitzverhältnisse und Erbgänge; über Heiraten, Namen von Ehepartnern und Angaben zu deren Tauforten und früheren Hausnummern. Natürlich sind auch Geburten und Todesfälle verzeichnet. Der Pfarrer vermerkte auch, wer auswanderte, etwa nach Nordamerika. Nachstehend sind mehrere Familienbücher aufgeführt, die erhalten geblieben sind.

Familienbuch Habakladrau, Band 1: Habakladrau, Wischezahn, Wischkowitz (Habakladrau, Cheb, Karlovarský kraj, Tschechische Republik). Aufstellung der Familien nach Haushalt, frühes 17. Jh. bis 1940er-Jahre. Bezirksstaatsarchiv Cheb (Eger), Karlovarský kraj, Tschechische Republik.

Aus Habakladrau emigrierten ab 1855 die Familien **Degl, Hammer, Hanika, Kogerer, Lodes, Neubauer, Pop, Rosner, Rott, Rummer, Schneider, Schusser, Steidl** und **Turba**.

Aus Wischezahn emigrierten ab 1856 die Familien **Arbes, Lodes, Schmidt, Steiner** und **Zepnick**.

Die Familien **Gintner (Güntner), Nadler** und **Zepnick** wanderten ab 1856 aus Wischkowitz aus.

Das Buch umfasst 282 Seiten.

Familienbuch Habakladrau, Band 2: Abaschin, Hohendorf, Müllestau (Habakladrau/Ovesné Kladruby, Cheb, Karlovarský kraj, Tschechische Republik). Aufstellung der Familien nach Haushalt, frühes 17. Jh. bis 1940er-Jahre. Bezirksstaatsarchiv Cheb (Eger), Karlovarský kraj, Tschechische Republik.

Aus Abaschin wanderten ab 1855 Mitglieder der Familien **Bröckel (Bröckl), Denk** und **Reinl** aus.

Die Familie **Schusser** emigrierte 1882 aus Hohendorf.

Aus Müllestau emigrierten ab 1855 die Familien **Huttl, Windirsch** und **Wurtinger**.

Das Buch umfasst 334 Seiten.

Familienbuch Einsiedl (Einsiedl/Mnichov, Cheb, Karlovarský kraj, Tschechische Republik). Aufstellung der Familien nach Haushalt, 1700 bis 1945. Bezirksstaatsarchiv Cheb (Eger), Karlovarský kraj, Tschechische Republik.

Zu den Familien, die ab 1853 aus Einsiedl auswanderten, waren die Familien **Christl, Gröschel (Gröschl), Löb, Pimpl, Rudrich, Schurwon, Treml, Utschig, Zitterbart** und **Zucker**.

Das Buch umfasst etwa 235 Seiten.

Familienbuch Einsiedl des Dorfes Rauschenbach, Kschiha, Pfaffengrün, Paslas (Einsiedl/Mnichov, Cheb, Karlovarský kraj, Tschechische Republik). Aufstellung der Familien nach Haushalt, 1700 bis 1945. Bezirksstaatsarchiv Cheb (Eger), Karlovarský kraj, Tschechische Republik.

Aus Rauschenbach emigrierten ab 1854 Angehörige der Familien **David, Nadler, Niemochl, Schmidt** und **Wurtinger**.

Aus Kschiha emigrierten ab 1855 unter anderem die Familien **David, Egerer, Hammer, Leitner, Lenz, Neubauer, Pichl** und **Schmidt.**

Im Jahr 1906 wanderte die Familie **Korn** aus Pfaffengrün aus.

Das Buch umfasst etwa 155 Seiten.

Familienbuch Pistau des Dorfes Martnau, Hollowing, Untergramling, Kuttnau, Wilkowitz (Pistau/Pistov, Cheb, Karlovarský kraj, Tschechische Republik). Aufstellung der Familien nach Haushalt, 1700 bis 1945. Aus dem Pfarrhaus in Pistau; wird in München aufbewahrt.

Zu den Familien, die ab 1856 aus Martinau auswanderten, zählten die Familien **Hiederer** und **Pfrogler**.

Aus Wilkowitz wanderten ab 1855 die Familien **Schicker, Schmidt, Schmiedl** und **Schott** aus.

Das Buch umfasst etwa 304 Seiten.

Familienbuch des Dorfes Royau (Rojau [Royau]/Rájov, Cheb, Karlovarský kraj, Tschechische Republik). Aufstellung der Familien nach Haushalt, 1700 bis 1945. Aus dem Pfarrhaus in Pistau; wird in München aufbewahrt.

Zu denen, die ab 1854 aus Rojau (Royau) auswanderten, zählten Angehörige der Familien **Kardinal (Cardinal), David, Egerer, Fischbach, Fischer, Hammer, Kutzer, Leitner, Lenz, Lodes, Milles, Nadler, Pimpl, Popp, Rahmer (Rahma), Schreck, Schierl** und **Turba**.

Das Buch umfasst etwa 225 Seiten.

Giegold, Heinrich, *Tschechen und Deutsche. Die Geschichte einer Nachbarschaft*. Hof: Frankenpost Verlag, 1993.

Giegold stellt die gemeinsame Geschichte von Tschechen und Deutschen in ihrer gemeinsamen böhmischen Heimat dar. Das Buch versammelt eine Artikelreihe, die zuvor in der Regionalzeitung *Frankenpost* erschienen ist. Der Verlag hat diese Zusammenstellung als Geschenk an Schulen, Behörden, Bibliotheken sowie andere staatliche bzw. regionale Einrichtungen. Mehrmals haben mir Sudetendeutsche, denen ich begegnet bin, die Lektüre dieses Bändchens empfohlen.

Das Buch umfasst 88 Seiten.

Heinrich, Josef (Hg.), *Heimat-Chronik Müllestau*. Bad Windsheim: Privatdruck Josef Heinrich, 1983.

Diese Chronik enthält zahlreiche Beschreibungen, Fotos, Dokumente und stimmungsvolle Dorfansichten. Aus einer Volkszählung von 1654 gehen die Landbesitzverhältnisse zum damaligen Zeitpunkt hervor. Auch einige der letzten deutschen Bewohner des Dorfes sind mit Fotos und Reflexionen vertreten.

Zu den Familien, die ab 1855 aus Müllestau emigrierten, zählten die Familien **Hüttl**, **Windrisch** und **Wurtinger**.

Das Buch umfasst 30 Seiten.

May, Josef; Gert Reiprich; Inge Hubl; Rudolf Schweinitzer; Josef Eckert und Ernst Höhne (Hg.), *Heimatbuch Marienbad Stadt und Land, Band 1*. München: Heimatverband der Marienbader Stadt und Land e. V., 1977.

> Dieses Buch ist unverzichtbar für alle, die im Heimatkreis Marienbad Familienforschung betreiben wollen. In Band 1 geht es um das „Weltbad" Marienbad, aber auch um die Gemeinden der unmittelbaren Umgebung. Enthalten ist eine detaillierte Geschichte des Marienbader Kurbezirks mit seinen diversen Hotels und Kaffeehäusern. Umfangreich sind auch die Informationen über die Landschaft der Umgebung, die umliegenden Wälder und andere Aspekte von Interesse. Lagepläne mit Hausnummern und biografische Skizzen früherer Einwohner von Marienbad runden den Band ab.
>
> Das Buch umfasst 696 Seiten.

May, Josef; Gert Reiprich; Inge Hubl; Rudolf Schweinitzer; Josef Eckert und Ernst Höhne (Hg.), *Heimatbuch Marienbad Stadt und Land, Band 2*. München: Heimatverband der Marienbader Stadt und Land e. V., 1977.

> In Band 2 des Marienbader Heimatbuches sind mehr als 50 Dörfer des alten Kreises Marienbad aufgenommen worden. Zu jedem Eintrag gehört eine kurze Dorfgeschichte, außerdem ein Lageplan mit Hausnummern. Für jedes Haus sind die früheren Bewohner bis unmittelbar vor der Vertreibung 1945 aufgeführt. Für die meisten Dörfer gibt es auch Listen mit den Namen der Soldaten, die im Ersten und im Zweiten Weltkrieg eingesetzt waren. Auch die Vertriebenen sind mit Angabe ihres Heimatdorfes aufgeführt. Der Band enthält auch Schwarzweißfotos von Häusern und ihren Bewohnern.
>
> Das Buch umfasst 1215 Seiten.

Pany, Franz und Josef Lechner (Hg.), *Abaschin. Ein Gedenkbuch über einen Ort im Kreis Marienbad.* München: Heimatverband der Marienbader Stadt und Land e. V., 1986.

Dieses Bändchen beschreibt Abaschin im Kreis Marienbad. Neben einer kurzen Geschichte des Dorfes enthält es auch einen Lageplan mit Hausnummern. . Zu jeder Hausnummer werden die Bewohner im Laufe der Zeit aufgeführt; diese Listen reichen in einigen Fällen bis Mitte des 17. Jahrhunderts zurück. Der Band enthält auch Schwarzweißfotos von früheren Bewohnern, ihrem Alltagsleben und ihren Festen.

Zu den Familien, die ab 1855 aus Abaschin emigrierten, zählten die Familien **Bröckel (Bröckl), Denk** und **Reinl**.

Das Buch umfasst 80 Seiten.

Pany, Franz und Gert Reiprich (Hg.), *Auschowitz. Chronik des Ortes und Kirchsprengels 1273–1945 mit den Orten Flaschenhütte, Hammerhäuseln, Hochofenhäuseln und Stanowitz.* München: Heimatverband der Marienbader Stadt und Land e. V., 1989.

Dieses Buch ist den nahe bei Marienbad gelegenen Dörfern Auschowitz, Flaschenhütte, Hammerhäuseln, Hochofenhäuseln und Stanowitz gewidmet. Jedes Dorf wird mit einer ausführlichen historischen Skizze vorgestellt, dazu gibt es Lagepläne mit Hausnummern. Zu jeder Hausnummer werden die Bewohner im Laufe der Zeit aufgeführt; diese Listen reichen in einigen Fällen bis Mitte und Anfang des 17. Jahrhunderts zurück. Der Band enthält auch Schwarzweißfotos von früheren Bewohnern, ihrem Alltagsleben und ihren Festen.

Zu den Familien, die ab 1868 aus Auschowitz emigrierten, zählten die Familien **Eisen, Müller** und **Ries**.

Das Buch umfasst 106 Seiten.

Pany, Franz und Gert Reiprich (Hg.), Royau. *Geschichte eines Pfarrdorfes im Kreis Marienbad*. München: Heimatverband der Marienbader Stadt und Land e. V., 1988.

Diese Geschichte des Dorfes Rojau (oder Royau) bei Marienbad enthält auch die Geschichte der 1788/89 eingerichteten Pfarrstelle (Rojau gehörte zuvor ganz zum Kirchsprengel Einsiedl). Der Band bietet auch Schwarzweißfotos der Rojauer Pfarrkirche Hl. Johannes und Paul. Auf den Fotos des Kriegerdenkmals sind die Namen von Rojauer Soldaten aus dem Ersten und dem Zweiten Weltkrieg aufgeführt. Ein Lageplan von Rojau (Stand: 1938) enthält auch die Hausnummern; für jedes Haus sind die Bewohner zum Zeitpunkt der Aufnahme genannt. Bei den zum Zeitpunkt der Veröffentlichung des Buches verstorbenen Personen ist das Todesdatum und ihr Wohnort nach der Vertreibung genannt. Diese Liste ist überaus hilfreich, wenn man lebende Angehörige bzw. Nachfahren der hier genannten Familien ausfindig machen möchte. Das Bändchen kann unter anderem in den Grenzland-Heimatstuben des Heimatkreises Marienbad in Bad Neualbenreuth eingesehen werden.

Zu den Familien, die ab 1854 aus Rojau emigrierten, zählten die Familien **Kardinal (Cardinal), David, Egerer, Fischbach, Fischer, Hammer, Kutzer, Leitner, Lenz, Lodes, Miller, Nadler, Pimpl, Popp, Rahmer (Rahma), Schreck, Schierl** und **Turba**.

Das Buch umfasst 59 Seiten.

Reiprich, Gert (Hg.), *Sudetendeutsche Familienforschung – Jahrbuch 1973/74* [u. ö.]. Nürnberg: Noris, 1974.

Die Jahrbücher für Sudetendeutsche Familienforschung sind ein familiengeschichtliches Sammelwerk für die sudetendeutsche Geneaologie. Die hier vorgestellten Familiengeschichten enthalten Informationen zu Abstammungslinien und zur Geschichte einzelner Dörfer.

Das Buch umfasst 99 Seiten.

Reiprich, Gert (Hg.), *Sudetendeutsche Familienforschung – Jubiläumsband 1981* [u. ö.]. Nürnberg: Vereinigung sudetendeutscher Familienforscher (VsFF), 1981.

Die Jahrbücher für Sudetendeutsche Familienforschung sind ein familiengeschichtliches Sammelwerk für die sudetendeutsche Geneaologie. Die hier vorgestellten Familiengeschichten enthalten Informationen zu Abstammungslinien und zur Geschichte einzelner Dörfer. Die herausgebende Vereinigung sudetendeutscher Familienforscher (VsFF) wird oben im Abschnitt „Familienforschungsverbände" vorgestellt.

Das Buch umfasst 368 Seiten.

Schmutzer, Josef und Otto Zerlik (Hg.), *Das Tepler Land*.
Geisenfeld (Hallertau): Heimatkreis Tepl-Petschau in der Sudetendeutschen Landsmannschaft, 1967.

> Dieses Buch liefert eine grundlegende Dokumentation zu dem Heimatkreis Tepl-Petschau im westböhmischen Bäderdreieck. Stift Tepl, Stadt Tepl und Marienbad werden alle detailliert und mit historischen Fotografien vorgestellt. Auf S. 389 sind die 14 Eisenbahntransporte aufgeführt, mit denen die deutschsprachige Bevölkerung der Tepler Gegend ausgewiesen wurde. Auch die Daten der Vertreibungen sind jeweils genannt. Allein das Kapitel 7 umfasst mehr als 300 Seiten mit Informationen über die Dörfer des Heimatkreises Tepl-Petschau. Jedes Dorf wird mit einer ausführlichen historischen Skizze vorgestellt, dazu gibt es Lagepläne mit Hausnummern. Zu jeder Hausnummer sind auch die Bewohner zum Zeitpunkt der Vertreibung angegeben. Für die meisten Dörfer gibt es auch Listen mit den Namen der Soldaten, die im Ersten und im Zweiten Weltkrieg eingesetzt waren. Außerdem enthält der Band Schwarzweißfotos von Wohnhäusern und anderen historischen Gebäuden sowie Dorfbewohnern.
>
> Das Buch umfasst 856 Seiten.

Neu entdeckte deutschsprachige Informationsquellen für die Kirchsprengel Rojau und Grün

Die Gemeinde Grün (heute Louka) ist bei der oben ausgewerteten Datenerhebung zu den fünf „Kerngemeinden" der Untersuchung zwar nicht berücksichtigt worden. Ich nehme die entsprechenden Quellen, die zusammen mit den übrigen in München aufbewahrt werden, hier dennoch auf. In manchen Fällen lassen sich in den entsprechenden Unterlagen wohl auch zusätzliche Informationen zu Familien aus Rojau und Einsiedl auffinden.

Examen sponsorum 1786–1839 (tatsächlich schon 1745 angelegt)

Der Titel bedeutet in etwa „Untersuchung der Bräute", es handelt sich das Verlobungsregister der Gemeinde Grün (Louka) bei Petschau (heute Bečov) aus den Jahren 1786–1839, wobei frühere Einträge tatsächlich schon ab 1745 datieren.

Das Buch umfasst etwa 127 Seiten.

Examen sponsorum Localie Royau ab anno 1839

Der Titel bedeutet in etwa „Untersuchung der Bräute der Lokalie [Filialpfarrei] Rojau ab dem Jahr 1839". Es handelt sich um das Verlobungsregister der Jahre 1839 bis 1876.

Das Buch umfasst etwa 86 Seiten.

Firmungsbuch der Lokalie [Filialpfarrei] Royau vom Jahre 1840 (1892, 1905)

In den Listen dieses Buches sind die Rojauer Firmkandidaten ab dem Jahr 1840 (1892, 1905) verzeichnet. Insgesamt enthält die Sammlung Namen der Rojauer Firmlinge von 1840 bis 1943, dazu die Namen von Eltern und Firmpaten.

Das Buch umfasst etwa 98 Seiten.

Ordo Divinorum [Officiorum] Localiae Royaviensis ab anno 1839

Der Titel bedeutet „Verzeichnis der [Fest-]Gottesdienste der Lokalie [Filialpfarrei] Rojau ab dem Jahr 1839". Das Buch enthält eine chronologische Auflistung von Gottesdiensten, die zwischen 1839 und 1869 an den Festtagen bestimmter Heiliger in der Kirche Johannes und Paul gefeiert wurden.

Das Buch umfasst etwa 130 Seiten.

Militär-Matrik, Geistl[iches] Vereinsbuch der Lokalie [Filialpfarrei] Royau vom Jahre 1840

Das Buch verzeichnet die Mitglieder verschiedener geistlicher Vereine und Bruderschaften in der FIlialpfarrei Rojau von 1840 bis 1904. Berücksichtigt werden etwa ein christlicher Verein für Deutschböhmen, eine Skapulierbruderschaft, eine Rosenkranzgemeinschaft und eine Heiligkreuzbruderschaft.

Das Buch umfasst etwa 29 Seiten.

Provisionsbuch der Pfarrey Royau ab anno eccl. [ab dem Kirchenjahr] 1898

In diesem Buch sind die Seelsorge- und Hilfsleistungen der Rojauer Pfarrer an die Kranken und Bedürftigen aus ihrer Gemeinde verzeichnet.

Das Buch umfasst etwa 21 Seiten.

Sammlung der Stiftsbriefe bei der Localie-Kirche der heiligen Johannes und Paulus zu Royau

In diesem Buch, das 1919 angelegt wurde, sind größere Geldzuwendungen – Zustiftungen, daher „Stiftsbriefe" – an die Rojauer Kirche seit 1828 verzeichnet. Geschaffen hat das Verzeichnis Pfarrer Emanuel Stillip O.Praem.

Das Buch umfasst etwa 106 Seiten.

Verkündigungsbuch der Pfarrei Grün 1861

Dieses Buch enthält die „Verkündigungen", d. h. im Gottesdienst gemachten Ankündigungen und sonstige Vorkommnisse in der Pfarrei Grün bei Peschau, die der dortige Pfarrer von 1861 bis 1867 festgehalten hat.

Das Buch umfasst etwa 195 Seiten.

Danksagung

Ich danke Herrn Dr. Gert Reiprich, der mich auf wertvolle Materialien aufmerksam gemacht hat, mit denen die sudetendeutschen Verbände in Deutschland allen Interessierten die Familienforschung erleichtern. Großzügigerweise hat Herr Dr. Reiprich mir auch Bücher aus seinem eigenen Besitz zur Auswertung ausgeliehen. Ohne seine Beratung und Hilfe hätte ich dieses Buch niemals schreiben können.

Ich danke meiner Cousine Rogene Steiner Kais, die sich als frühere Vorsitze der *Milwaukee County Genealogical Society* um die deutschböhmische Familienforschung in Wisconsin verdient gemacht hat. Insbesondere danke ich ihr dafür, dass sie mich mit Susan Chapman bekannt gemacht hat, die bei der genealogischen Gesellschaft des Milwaukee County für die Forschung in tschechischen Archiven zuständig ist. Susans akribische Arbeit an der Einwandererdatenbank sowie bei der „Beschaffung" der dazu nötigen Daten und Belege garantiert ein solides Fundament für jede weitere Familienforschung. Sollte sich hier und da doch einmal ein Fehler eingeschlichen haben, habe natürlich ich selbst diesen zu verantworten. Dankbar bin ich Susan auch für stundenlange inspirierende Gespräche, vor allem während der Coronapandemie, die uns alle vor große Herausforderungen gestellt hat.

Allen früheren Lokal- und Familienhistorikern von Calumet County bin ich zu großem Dank verpflichtet, denn auf ihren Leistungen baut meine eigene Forschung auf. Wie sie ihre Recherchen ohne Computer und Internet bewerkstelligt haben, weiß der Himmel! Insbesondere möchte ich Jeff Wettstein danken, der mir die Arbeiten seiner Großmutter Ottila S. Meyer Wettstein zugänglich gemacht hat: „Oma Ottila" hat, manchmal allein, manchmal zusammen mit anderen, *Dutzende* von Familiengeschichten aus dem Calumet County verfasst. Auf ihren breiten Schultern stehe ich, eine dankbare Zwergin, und blicke tief in die Vergangenheit.

Ich danke Dr. Jack Schaffer für seine nicht immer einfache Recherche zu den Familien Steiner und Denk im westlichen Böhmen. Die Geschichte beider Familien, Steiner wie Denk, hat er unermüdlich erforscht und unserer Online-Datenbank zur deutschböhmischen Einwanderung einen gewaltigen Dienst erwiesen.

Ich danke der Bürgermeisterin Aurelie Skřivanová, die mich durch die Gemeinde Habakladrau /Ovesné Kladruby begleitet hat, den Herkunftsort meiner Vorfahren. Dass sie als Bürgermeisterin eine echte Führungspersönlichkeit ist, merkt man nicht zuletzt an den vielen, vielen Verbesserungen und Veränderungen zum Positiven, die sie in Habakladrau in den letzten Jahren angestoßen hat. Diese Bürgermeisterin geht in allem, was sie anpackt, mit gutem Beispiel voran – sie ist eine Inspiration für mich!

Dem leider inzwischen verstorbenen Autor, Lokalhistoriker und -archäologen Zdeněk Buchtele bin ich ebenfalls zutiefst dankbar. Sein großes Werk wirkt fort, und liefert mir noch immer neue Erkenntnisse zu den Heimatdörfern der deutschböhmischen Auswanderer – von der zeitgenössischen Lokalgeschichte der Region Marienbad/Tepl gar nicht erst zu sprechen. Ich verdanke Herrn Buchtele auch die Bekanntschaft mit dem Lokalhistoriker Dušan Benč aus Teplá (Tepl). Dušan danke ich für die vielen Stunden, in denen er mich durch die ganze Gegend chauffiert hat, immer auf der Suche nach den (fast) verschwundenen Dörfern meiner Ahnen. Ich bin auch dankbar dafür, dass er sich anschließend bereiterklärt hat, seine umfassende persönliche

Kenntnis der Region uns seine Liebe zur Tepler Gegend durch den Austausch von E-Mails mit mir zu teilen. Petr Souček aus Prag hat mir in großzügiger Weise Quellenmaterial zugänglich gemacht, das geholfen hat, meine Forschung zu stützen.

Ich danke dem *American Center* der US-Botschaft in Prag dafür, dass dort 2020, 2021 und 2022 Ausstellungen gezeigt werden konnten, in denen meine Recherchen zur deutschböhmischen Einwanderung in das Calumet County der tschechischen Öffentlichkeit zugänglich gemacht werden konnten. Diese Ausstellungen hoben vor allem die Gemeinsamkeiten zwischen den Vereinigten Staaten (insbesondere Wisconsin, natürlich), Deutschland und der Tschechischen Republik hervor. Ein ganz besonderes „Dankeschön!" gebührt Jaroslav Vitek, der dabei mitgeholfen hat, diese Bemühungen zu koordinieren.

Ich bin Mike Dauplaise zu Dank verpflichtet, der als Präsident von M&B Global Solutions Inc. seine große Expertise in Sachen Buchgestaltung und veröffentlichung zum Tragen gebracht hat. Ein besonderer Dank auch an Deb Anderson, die Archivdirektorin und Leiterin des lokalgeschichtlichen Forschungszentrums an der University of Wisconsin–Green Bay, dafür, dass sie mir Mike empfohlen hat. Ich danke Jeff Ash für sein unermüdliches Korrekturlesen und Korrigieren meines Manuskripts. Ich bin auch Andrea Schmid dankbar, der Ersten Vorsitzenden des Vereins der Freunde von Stift Tepl zu Esslingen am Neckar e. V., und auch den Mitgliedern ihres Vereins, für ihre anhaltende Unterstützung und Ermutigung.

Schließlich danke ich allen, die ich durch dieses Projekt kennenlernen durfte – all den Mitinteressierten und Mitforschenden in Deutschland und der Tschechischen Republik, von denen ich etliche inzwischen meine Freunde nenne. Mit einigen Sudetendeutschen bin ich jetzt sogar offiziell verwandt – das haben wir schriftlich! Ich bin dankbar für die Bücher, die sie mir geschenkt haben, und auf denen meine Forschung in diesem Buch ganz wesentlich beruht. Ihre persönliche Geschichte – ihre Geschichten – werden in meinem Herzen für immer lebendig bleiben. Was ihre Freundschaft mir bedeutet, ist mit Worten gar nicht auszudrücken.

Über die Verfasserin

Dr. Joan Naomi Steiner

Dr. Joan Naomi Steiner kam auf der Farm ihres Großvaters im Calumet County (Wisconsin) zur Welt und wuchs dort auch auf. Ihren Schulabschluss machte sie an der Chilton High School. Vor ihrer Promotion an der New York University erwarb sie einen Master-Abschluss in Englisch-Didaktik und einen Bachelor-Abschluss an der University of Wisconsin–Stevens Point.

In ihrem Berufsleben hat Dr. Steiner 25 Jahre lang an High Schools unterrichtet und war 17 Jahre lang in der Schulbezirksverwaltung tätig. Sie hat auch Universitätskurse unterrichtet und war beratend für mehr als 40 Schulbezirke in Wisconsin tätig.

Bei der Recherche nach der Familie Steiner, ihren Vorfahren väterlicherseits, entdeckte Dr. Steiner eine wahre Auswanderungswelle aus der Region von Tepl/Marienbad im westlichen Böhmen in das Calumet Country in Wisconsin, die in den 1850er-Jahren einsetzte. Auf insgesamt fünf Recherchereisen in die Tschechische Republik und sechs Recherchereisen nach Deutschland hat sie ihre Forschung vertieft.

Dr. Steiners Website enthält eine Datenbank mit ihren Forschungsergebnissen und weiteren Hilfmsitteln zur familiengeschichtlichen Recherche in Detuschland und Tschechien. Die Adresse lautet: https://germanbohemianwisconsin.com/.

www.ingramcontent.com/pod-product-compliance
Lightning Source LLC
Chambersburg PA
CBHW060502030426
42337CB00015B/1693